学前教育基本理论与实践

红霞 杨瑛 熊瑛 左文 编著

郑州大学出版社

图书在版编目(CIP)数据

学前教育基本理论与实践／李红霞等编著 . — 郑州：郑州大学出版社,2022. 12(2024.6 重印)

ISBN 978-7-5645-9252-3

Ⅰ. ①学… Ⅱ. ①李… Ⅲ. ①学前教育－教育理论 Ⅳ. ①G610

中国版本图书馆 CIP 数据核字(2022)第 211940 号

学前教育基本理论与实践

XUEQIAN JIAOYU JIBEN LILUN YU SHIJIAN

策划编辑	王卫疆　胥丽光	封面设计	王　微
责任编辑	胥丽光	版式设计	凌　青
责任校对	黄世昆	责任监制	李瑞卿

出版发行	郑州大学出版社	地　　址	郑州市大学路 40 号(450052)
出 版 人	孙保营	网　　址	http://www. zzup. cn
经　　销	全国新华书店	发行电话	0371-66966070
印　　刷	廊坊市印艺阁数字科技有限公司		
开　　本	710 mm×1 010 mm　1 / 16		
印　　张	12.75	字　　数	197 千字
版　　次	2022 年 12 月第 1 版	印　　次	2024 年 6 月第 2 次印刷

书　　号	ISBN 978-7-5645-9252-3	定　　价	68.00 元

本书如有印装质量问题,请与本社联系调换。

党的十八大报告提出"要办好学前教育",十九大报告提出"办好学前教育,努力让每个孩子都能享有公平而有质量的教育"。在党中央的高度关注下,学前教育自 2010 年颁布《国家中长期教育改革和发展规划纲要(2010—2020 年)》以来,学前教育的发展战略高度重视"入园"机会公平,特别是出台《国务院关于当前发展学前教育的若干意见》之后,各级政府大力推动施行"学前教育三年行动计划",我国学前教育的服务能力有了很大提升,学前教育实现了历史性跨越,为广大学前儿童带来了福祉。

2018 年 9 月 10 日,在北京召开的全国教育大会上,习近平总书记强调教育的根本目的是"培养德智体美劳全面发展的社会主义建设者和接班人,加快推进教育现代化、建设教育强国、办好人民满意的教育"。作为国民教育体系的重要组成部分,作为学校教育和终身教育的奠基阶段,在实现"立德树人"的根本任务、建设新时代中国特色社会主义教育强国的历史进程中,学前教育是奠基性的基础工程。

作为学前教育理论研究者和实践工作者,不仅要理清学前教育的基本理论问题,即学前教育为谁培养人、培养什么样的人,还应该搞明白在实施学前教育实践过程中的基本理论。本书试图在新时代中国特色社会主义教育的现实语境下,将"为党育人、为国育才"的教育使命渗透在学前教育基本理论与学前教育实践的话语体系中,从而使学前教育理论与实践具有鲜活的时代痕迹。

本书由我校学前教育理论与实践团队合作完成,其中,第一章、第二章、第三章、第四章由李红霞编著,第五章、第十章由熊瑛博士编著,第六章、第九章由左文老师编著,第七章由谌铜平老师编著,第八章由杨瑛老师编著。

感谢参加本书写作的各位作者,非常感谢他们的密切合作和耐心细致的打磨。由于时间仓促,再加上作者自身因素的影响,本书尚有不少需要改进的空间,期待大家的宝贵意见和建议。

李红霞

2022 年 9 月

目录

第一章

学前教育学概述

学前教育学作为一门专门研究0~6周岁学龄前儿童教育的科学,尚是一门较为年轻的学科,有必要厘清相关的基本概念以及学前教育学的发展历史。

一、学前教育学的概念

(一)什么是教育

教育是一种社会现象,它产生于社会生活的需要,随着社会的不断发展,教育这种现象也在不断发展。由于教育本身在不断发展,人们对教育的认识不断深入,因而关于教育的含义,也在不断地发展与深化。"教""育"这两个字,在我国最早出现在甲骨文中,先秦古籍中,"教"与"育"连用的很少。在我国最早将"教"与"育"连用的是孟子,在《孟子·尽心上》第二十节中提道:"得天下英才而教育之,三乐也。"在西方,"教育"一词由拉丁语 Eduiêre 而来。

对于教育,古今中外有很多不同的解释。《荀子·修身》中说:"以善先人者谓之教"。《礼记·学记》中说:"教也者,长善而救其失者也。"东汉许慎在《说文解字》中说:"教,上所施,下所效也""育,养子使作善也。"法国著名的启蒙思想家、教育家卢梭认为:"教育应当依照儿童自然发展的程序,培养儿童所固有的观察、思维和感受的能力。"①德国教育家赫尔巴特说:"教育

---

① 曹孚.外国教育史[M].北京:人民教育出版社,1979:124.

的全部问题可以用一个概念——道德包括。"①德国哲学家卡尔·雅斯贝尔斯(Karl Jaspers)认为:"所谓教育,不过是人对人的主体间灵肉交流活动(尤其是老一代对年轻一代),包括知识内容的传授、生命内涵的领悟、意志行为的规范,并通过文化传递功能,将文化遗产教给年轻一代,使他们自由地生成,并启迪其自由天性。"②这些关于教育内涵的说法,有的从社会需要出发解释,有的从人的发展角度探讨。上述对教育的内涵表述尽管形态各异,但也存在一个共同的基本属性,那就是这些关于教育的本质认识都把教育看成培养人的一种社会实践活动,这是教育区别于其他事物现象的根本特征。其实,教育作为培养人的一种社会实践活动,既要体现社会的要求,又要促进人的发展,它是一个统一的活动过程。

什么是教育?从广义上说凡是有目的、有意识地对人的身心施加影响的一切社会实践活动都称为教育,包括家庭教育、社会教育和学校教育。从狭义上就专门指学校教育,也就是在专门的社会教育机构中,有专职的教师,根据社会的要求,对学习者进行有目的、有计划、有组织、有系统的教育和培养。

(二)什么是学前教育

教育是培养人的一种社会实践活动,由于教育对象的年龄不同,就要进行不同教育阶段的划分。《中华人民共和国教育法》第十七条规定:"国家实行学前教育、初等教育、中等教育、高等教育的学校教育制度。"由此可见,学前教育是教育学制形态的重要组成部分,学前教育也是一种社会实践活动,只是学前教育这种现象的对象聚焦于特定的年龄段了。

什么是学前教育?从广义上讲,学前教育指的是对从初生到6周岁,入小学前这一阶段的儿童所进行的教育,包括学前社会教育、学前家庭教育以及专门对0~6周岁的学龄前儿童实施教育的社会教育机构。从狭义上讲,学前教育是指专门的学前教育机构所实施的教育,即托儿所、幼儿园的教育。从概念界定可以看出,学前教育的教育对象包括0~3周岁的婴儿及

---

① 赫尔巴特.普通教育学[M].尚仲衣译.北京:商务印书馆,1936:185.
② 卡尔·雅斯贝尔斯.什么是教育[M].邹进译.北京:三联书店,1991:34.

3～6周岁的幼儿,对0～3周岁的婴儿实施的教育是婴儿教育,主要的社会教育机构是托儿所,此阶段的教育还未纳入我国目前的学制范畴;对3～6周岁的幼儿实施的教育是幼儿教育,主要的社会教育机构是幼儿园。

什么是幼儿园?我国2016年新颁发的《幼儿园工作规程》第二条指出:"幼儿园是对3周岁以上学龄前幼儿实施保育和教育的机构。"幼儿园的办园形式多样,《幼儿园工作规程》第七条指出:"幼儿园可分为全日制、半日制、定时制、季节制和寄宿制等。上述形式可分别设置,也可混合设置。"

(三)什么是学前教育学

学前教育学的概念解读要从两个层面来理解:一是作为一门学科的学前教育学;二是作为一门课程的学前教育学。

作为一门学科,学前教育学是一级学科"教育学"的一个分支学科,它是专门研究0～6周岁学龄前儿童的教育现象和教育问题,从而揭示该阶段教育规律的一门科学。从这个层面看,学前教育学的研究对象就是一切学前教育现象和学前教育问题。

作为一门课程,学前教育学是根据社会经济发展对学前教育专业人才的培养目标及要求,对学前教育学科知识进行选择、重组而建构的,从而核心是介绍学前教育的基本理论、原则、方法等专业知识。

二、学前教育学的产生与发展

(一)学前教育学的形成与发展

从学科层面来看,学前教育学源于古代哲人们对学前儿童教育和养育问题的思考,随着社会的发展而逐步发展,具有悠久的发展历史。学前教育学的形成与发展过程可以概括为下面四个阶段:

1.学前教育思想的孕育阶段(远古至15世纪)

当猿进化成人的时候,人类就进入了原始社会,为了使人类社会能够生存延续,人类必须实现自身的生产、再生产,抚养后代、保证婴幼儿存活与生长的教育就随之产生了。原始社会初期,教育和生活、劳动结合在一起,还没有分离为一种特殊的社会职能。原始社会的母系氏族时代,实行群婚制,生产和生活的单位是氏族,学前儿童出生后由氏族集体抚养,在日常生活中通过口耳相传的方式由长者、能者实施教育。到了父系社会,实行一夫一妻制,才有了家庭,儿童开始由家庭抚养和教育。当时,社会生活内容很简单,儿童出生后,在家庭的日常生活中接受着自发的教育,教育的主要任务就是保证婴幼儿存活。可见,在原始社会,学前教育完全融合在生产和生活中,并且学前教育是没有阶级性的,每个孩子接受的学前教育是平等的。

随着生产力的不断提高,私有财产出现,人类社会进入了有阶级的社会——奴隶社会和封建社会,这一历史时期,社会统治阶级为了维护统治,利用手中的权力让自己的子女接受专人教育,以便成为未来的统治者和官吏,所以不同家庭出身的孩子接受学前教育的机会不同,学前教育就出现了等级性和阶级性。在这一历史时期,就涌现出了很多关于学前儿童教育的思想。

我国一些古书中很早就有关于学前教育的记载,如西汉贾谊(前220—前168)在《新书》中记载了公元前11世纪周成王母注意胎教之说,《大戴礼》与《礼记》记载有一些学前教育思想,《大戴礼》的《保傅》篇中记载有殷周统治者注重胎教,如何为太子选择保傅人员,使太子"自为赤子时,教固已行矣";《礼记》的《内则》篇中提出关于小儿出生后选择保姆的要求及从儿童能食能言时便进行教育:"凡生子择于诸母与可者,必求其宽裕慈惠,温良恭敬,慎而寡言者,使为子师,其次为慈母,其次为保母,皆居子室,他人无事不往。""子能食食,教以右手。能言,男唯女俞。男鞶革,女鞶丝。六年教以数与方名。七年男女不同席,不共食。"[①]从小教育学前儿童日常生活的行为习惯、礼节和生活常识等。又如魏晋南北朝时期,颜之推(531—不详)著有《颜氏家训》,南宋朱熹(1130—1200)编《童蒙须知》和《小学》等。尽管这些著作中有一些历史背景所导致的封建残余思想,但其中还是提出了一些有益的学前教育思想。如颜之推在《颜氏家训》中提出应注意胎教,应从小教育儿童,他赞同孔子"少成若天性,习惯如自然"及俗谚"教儿婴孩"的说法,重视学前教育的作用。又如朱熹重视胎教,认为孕妇应注意审慎自己的行

---

① 黄人颂.学前教育学[M].北京:人民教育出版社,1989:6.

为,在婴儿出生后,乳母必须有"宽裕、慈、惠、温、良、恭、敬"等优良的道德品质,主张对儿童"教之以事""从小便养成德行"。

在古代,国外也有很多关于学前教育的看法和主张。如古希腊哲学家柏拉图(前427—前347)在西方学前教育史上第一次较为系统地阐述了学前儿童的教育问题,在其著作《理想国》中指出学前教育的重要性:"凡事之开始,为最重要之点。而于教育柔嫩之儿童,则更注意。盖其将来人格之如何,全在此时也"。① 他主张儿童公育,儿童出生后交给国家特设的养育所,由专门的保姆抚养,母亲去喂奶。他还提出学前儿童的游戏和讲故事活动,认为抚养者不要强迫儿童去学习,而要用游戏的方式,并且通过游戏可以了解每个儿童的自然才能;还认为讲给幼儿的故事要进行挑选,剔除不健康的,选择能激发儿童勇敢、正义和高尚品德的故事。

古希腊哲学家亚里士多德(前382—前322)在《政治论》中认为,人的第一个时期的幼儿教育可以分为儿童出生前的胎教、0~5岁的婴幼儿教育和5~7岁的儿童教育三个阶段。从0~5岁这一阶段,亚里士多德反对儿童进行课业学习或劳作,而应有充足的活动,以免肢体不灵,还主张儿童应学习唱歌和演奏。儿童5~7岁阶段的教育,应以良好习惯的养成作为主要任务。

罗马教育家昆体良(约35—100)提出人的教育应从摇篮里开始,在婴儿期间就应注重其语言的发展,强调周围环境对儿童最初观念形成的重大影响。他认为儿童从教育者那里获得关于世界的知识和道德观念,主张为儿童挑选好的乳母和教育者。他还指出游戏在增强智慧、培养品格中的意义。

这一历史时期,尽管有很多关于早期教育重要性的论述,由于对学前儿童持有种种不正确的看法,如把儿童当作小大人,欧洲进入中世纪以后认为儿童生而有罪,要用鞭笞来教训等所谓的"原罪说"儿童观导致人们并不重视学前教育,学前儿童教育长期处于自然状态中,发展很缓慢,只有统治阶级家庭才重视子女的学前教育。

2.学前教育思想的萌芽阶段(16~18世纪初)

16世纪以后,在一些教育论著中,包括有对学前教育的论述,学前教育

---

① 柏拉图.理想国[M].吴献书译.北京:商务印书馆,1957:92.

的有关理论也逐渐丰富起来。

欧洲自 16 世纪,随着资本主义生产因素的发展、资本主义的新兴,出现了文艺复兴运动,主张提供儿童身体和智力发展的条件,开始逐渐重视儿童教育。教育和教育理论有了新的发展,教育学已从哲学中分离出来成为一门独立的科学,出现了许多著名的教育家,发行了许多经典的教育著作。比如捷克教育家夸美纽斯(1592—1670),他在历史上第一次把学前教育纳入其具有民主色彩的单轨学制,并撰写了历史上第一部学前教育专著《母育学校》以及世界上第一本图文并茂的儿童读物《世界图解》,构建了学前家庭教育的完整体系。他提出必须遵循儿童的自然、感观教育是学前儿童学习的基础等学前教育思想对近代学前教育的发展产生了重要影响。

英国哲学家洛克(1632—1704)在其著作《教育漫话》一书中根据培根的"经验论"论证了"白板说",并提出了儿童体育、美育、德育和智育的具体建议。

法国启蒙思想家卢梭(1712—1778)在《爱弥儿》中强调教育回归自然,主张按照儿童的自然发展历程来进行教育,他指出:"大自然希望儿童在成人以前就要像儿童的样子。如果我们打乱了这个次序,我们就会造成一些果实早熟,它们长得既不丰满也不甜美,而且很快就会腐烂:我们将造成一些年纪轻轻的博士和老态龙钟的儿童。儿童是有他特有的看法、想法和感情的;如果想用我们的看法、想法和感情去代替他们的看法、想法和感情,那简直是最愚蠢的事情……"卢梭对儿童的认识为学前教育找到了出发点,他对儿童有了新发现,他认为儿童是真正意义上的人,儿童具有独立的存在价值。这从根本上扭转了成人中心及社会本位的儿童观,人们往往把"儿童的发现"与卢梭联系在一起。卢梭实现了儿童观历史上的以儿童为本位的"哥白尼式的革命"。

瑞士教育家裴斯泰洛齐(1746—1827)继承了前人教育要遵循儿童的自然的思想,并以自身的教育实践证明:一切教育都应以感官教育为基础,儿童学习的最好方式是操作,母亲是儿童的最好教师等原则和方法。他著有《林哈德和葛笃德》《母亲读物》等,还在教育史上第一个提出教学心理学化的思想,强调教育必须考虑儿童的心理特点,并最早提出了"儿童年龄越小越需要心理学知识的指导"的见解,为学前教育理论步入科学化铺平了道路。

欧洲文艺复兴运动后学前教育思想的发展,为系统学前教育理论的建立奠定了基础。

我国自唐宋以后,长期闭关自守,同时推行文化专制主义,实施"八股取士"的科举制度,阻滞了科学技术和文化教育的发展。18世纪以后,学前教育仍然因袭传统的封建教育,发展缓慢。但在这一时期,蒙养教育(七八岁到十五六岁)有所发展,对学前教育有一定影响。还有一些思想家提出了一些可贵的教育思想。如明朝王守仁(1472—1528)在《童心说》中提出教学应注重儿童兴趣,"教童子,必使其趋向鼓舞,中心喜悦"。同时期的吕德胜在《小儿语》中提出寓教育于歌谣之中,主张教育儿童要有适合儿童的方法,"儿之有知而能言也,皆有歌谣以遂其乐,群相习,代相传"。

3. 学前教育学的初创阶段(18世纪中叶至20世纪前半期)

18世纪末19世纪初,由于大机器生产的产生和发展,资本主义大工业兴起,很多母亲开始走出家庭,参加社会生产劳动,幼小儿童无人照顾,从而出现了在家庭以外建立学前教育机构的社会需要。同时,随着文化教育的发展,人们对儿童和儿童教养问题也逐渐重视起来,推动了学前教育机构的建立和发展。与此同时,学前教育学从普通教育学中分化出来,开始形成一门独立的学科。

德国教育家福禄贝尔开始创立了学前教育学,他是教育史上第一个建立了较为完备的学前教育理论体系的人(夸美纽斯的《母育学校》也系统论述了学前教育,但是他的学前教育只是学前家庭教育,还不具备包括公共学前教育的完整概念)。福禄贝尔著有代表作《人的教育》,他致力于学前教育实践,于1837年在勃兰根堡创设了收托1~7岁儿童的教育机构,设计和使用他称为"恩物"的玩具材料,并于1840年首次将该机构命名为幼儿园(Kindergarten,意为儿童如大自然万物在花园中自由、茁壮地成长),这是世界上第一所幼儿园。从此,这一名称被全世界普遍采用,我们将福禄贝尔称为"幼儿园之父""幼儿教育之父"。

意大利教育家蒙台梭利(1870—1952)是继福禄培尔之后对学前教育理

论有重大影响的代表人物。当时生物学、生理学和心理学的建立和发展,为人们了解和认识儿童提供了科学基础,而不像过去只能从观察和经验认识儿童、研究教育。蒙台梭利建立学前教育机构——儿童之家,并运用生理学和心理学的知识及系统观察法和实验法等科学研究方法,进行教育实验,提出自己的学前教育理论,推进学前教育学的发展。她在1909年写成《蒙台梭利教学法》,她还著有《蒙台梭利手则》《童年的秘密》《蒙台梭利基本的教材》《教育的自发活动》等书。

在我国,长期的封建社会中,高度中央集权的封建统治制度以及自给自足的小农经济制度使经济发展缓慢,在这段时期,学前儿童都在家庭中接受教育。19世纪中叶以后,随着西方资产阶级教育思想的传入,传统的封建教育已然不能适应当时社会发展的需求,因而提出了教育改革,与此同时提出了实施公共学前教育的思想。如康有为(1858—1927)在《大同书》中第一次提出在我国实施公共的学前教育,学前教育包括从0~6岁的教育,婴儿在育婴院养育,3~6岁儿童则进慈幼院。康有为提出公共的学前教育思想在当时的封建社会现实语境下是行不通的。教育家蔡元培(1868—1940)也提出学前公共教育体系,主张设立胎教院、乳儿院、幼稚园等一套养育机构,以代替家庭教育。这种重视学前教育的思想十分宝贵,但他提出的学前养育机构代替家庭教育显然是影响个体身心发展的因素。

19世纪末期,我国学前教育机构开始建立,1885年,有些西方国家的教会先后在宁波、上海等地开办幼稚园,这是我国幼稚园的萌芽期。1903年,湖北巡抚端方在湖北武昌创办我国第一所官办的学前儿童社会教育机构——湖北幼稚园。

20世纪初,在我国建立幼稚园时,福禄贝尔、蒙台梭利的学前教育思想及杜威的教育思想相继传入我国,而且教会幼稚园设立较早、数量也较多,培养幼稚园师资的幼稚师范学校又大都由教会设立,因此学前教育内容、方法,甚至设备和玩具,实际上由效法日本转为参照和仿效西方,随着我国幼稚园的发展和学前教育理论和实践经验的积累,一些教育家和教育工作者,致力于研究和创立适合我国国情的学前教育理论,其中陈鹤琴、陶行知、张雪门为建立我国学前教育理论做出了重要贡献。

我国著名幼儿教育家陈鹤琴(1892—1982),早年毕业于清华大学,后留学美国,获哥伦比亚大学教育硕士学位。1919年夏回国任南京高等师范学校、东南大学任教授、教育科主任、教务主任等职。1923年创办了我国第一个幼教实验中心——南京鼓楼幼稚园,提倡中国化和科学化幼儿教育;1920年开始,以自己的孩子陈一鸣为对象,进行追踪观察。1940年,也即抗战时期,创办了我国第一个公立幼稚师范学校——江西省立幼稚师范学校。他的主要著作有《儿童心理之研究》《家庭教育》《活教育理论与实施》。

人民教育家陶行知(1891—1946)对中国人民的教育事业做出过重要贡献。他强调六岁前教育的重要性,"儿童学者告诉我们凡人生所需要的重要习惯、倾向、态度多半可以在六岁以前培养成功"。[①] 创办了我国第一所乡村幼稚园——南京燕子矶幼稚园和劳工幼稚园,其办园思想是"中国化"和"平民化",主张在工农中普及学前教育。提出幼稚园实施和谐的生活教育,反对束缚儿童个性的传统的教学法。他在学前教育方面著有《创设乡村幼稚园宣言书》《幼稚园之新大陆》《如何使幼稚教育普及》等文章。

幼儿教育家张雪门(1891—1974)曾在北平主办香山慈幼院的幼稚师范学校和幼稚园,他对幼稚教育的目的、课程和师资培养等方面的论述,有不少地方现在仍值得我们研究和借鉴。主要著作有《幼稚园教育概论》《新幼稚教育》《幼稚园的课程》等,对丰富和提高我国幼儿教育理论,做出了一定的贡献。

4. 学前教育学发展的新阶段(20世纪中叶至今)

20世纪中叶以后,学前教育学的发展进入了提高理论化和科学化水平的新阶段,这主要表现在两方面:

(1)辩证唯物主义为学前教育学的研究提供了科学的世界观和方法论,使学前教育学的发展进入新阶段。学前教育学和其他任何一门学科一样,必须以一定的哲学作为理论基础。辩证唯物主义的产生和传播为进一步探索学前教育学的科学规律准备了条件,又对教育和学前教育的根本问题做

---

① 陶行知,方与严.陶行知教育论文选辑[M].生活·读书·新知三联书店,2013:84.

了科学的回答。辩证唯物主义揭示了教育与社会的生产方式密切联系,为学前教育的目的、任务、内容的研究提供了基本观点。辩证唯物主义的认识论科学地说明理论和实践的关系,理论和实践结合的原则指导着学前教育学的研究、学习和应用。以上这些对科学的学前教育学的建立起了重大作用。

(2)邻近学科和科学技术的发展为学前教育学提供了科学基础,提高了学前教育的科学水平。特别是儿童心理学以及社会学、人类学、脑科学有了较大的发展,这些学科为学前教育理论提供了科学依据。如心理学对儿童心理发展动力的研究,对学前儿童认知能力发展、情感和意志发展的研究,对学前儿童个性形成的研究都提供了心理学基础。

(二)幼儿教育家的教育思想

1. 福禄贝尔的幼儿教育思想

福禄贝尔出生于德国一个路德派牧师的家庭,自幼受宗教影响,德国古典唯心主义哲学家费希特和谢林是他教育观点的思想基础。1817 年,在家乡开办学校,写了泛论儿童教育工作的代表著作《人的教育》;1837 年,在勃兰根堡为 3～6 岁儿童创办了一所名为"儿童活动学校"的教育机构,1840 年将该机构正式命名为"幼儿园"(Kinder Garten 直译为"幼儿花园"),世界上第一所幼儿园就此诞生。

在创办世界上第一所幼儿园之后,福禄贝尔创立了一整套幼儿教育理论和相应的教育方法、教材、玩具等。由于他的理论和实践建树,幼儿教育理论形成了独立的体系,幼儿园教育也成为教育中的一个独立的领域。尽管福禄贝尔的幼儿教育体系带有浓厚的宗教色彩,受到很多批判,但是他的思想和理论一百多年来传遍世界各地,而且至今仍活跃在世界幼儿教育的舞台上,是因为他的理论在很多方面的确揭示了幼儿教育的规律,其价值是不可否认的。他的教育理论主要有:

(1)幼儿自我发展的原理。福禄贝尔认为任何万物总是处于不断变化发展之中的,幼儿的身心发展也是变化发展的,并且幼儿的身心发展是"自动的",也就是说幼儿的行为是其内在生命形式的表现,是由内在的动机支配的。因此,教育必须顺应幼儿发展的天性,保育者命令式的、强制的、干涉的教育方法对幼儿的发展是无效的,必须要尊重幼儿的自主性,重视幼儿的自我活动。

(2)游戏理论。在福禄贝尔的幼儿教育生涯中,与他所倡导的教育要顺应幼儿自然的教育原则相适应,他非常重视游戏在幼儿教育的意义和价值,他是第一个阐明游戏教育价值的人,他强调游戏对幼儿人格发展、智慧发展有重要意义。他说"游戏是生命的镜子""游戏会产生喜悦、自由、满足,以及内心的平安、和谐",游戏是幼儿"起于快乐而终于智慧的学习,能自动自发、用心认真地玩到累了为止的孩子,将来必是个健壮、坚韧、能够牺牲、奉献的人";他还认为游戏中玩具是必需的,幼儿通过玩具"可直觉到不可观的世界",所以特意为幼儿设计了一套游戏材料"恩物",寓意为"神恩赐儿童的玩具",可见,福禄贝尔的教育思想明显受到唯心主义哲学观的影响。福禄贝尔去世后,有关他的幼儿教育的文章被汇编于1861年出版的《幼儿园教育学》,至此,学前教育学成为一门独立的学科。

(3)协调原理。福禄贝尔说,人不是单独一人存在的,他是家族中的一员、社会的一员,也是民族的一员、是宇宙中的一分子。因此,应该让孩子和周围的环境、社会、自然结合,协调一致,能够得到真正的协调是最美好的事。

(4)亲子教育。福禄贝尔还认为,要让孩子在爱中成长,首先就必须教育母亲,这或许是他幼时没得到母爱的一种体验吧。因此他创立了世界上第一个为母亲们开办的"讲习会",后来还专门写了一本《母亲之歌与爱抚之歌》。

福禄贝尔的学前教育思想强调神的本质,是有批评和争议的,但是他对学前教育理论和实践做出了很大的贡献。他的一句名言"来吧!让我们和我们的儿童生活在一起!"就是他思想和行动的格言。

2. 蒙台梭利的幼儿教育思想

蒙台梭利1870年出生于意大利的基亚瓦莱,1895年在罗马大学获得医学博士,是意大利历史上第一位获得博士学位的女性,毕业以后从事临床工作,经常接触有身心缺陷的儿童,于是开始注重对智能低下儿童的教育问题,之后转向正常儿童的教育工作。1907年在罗马贫民区创设"儿童之家",

招收 3~6 岁的幼儿,进行教育实践,蒙台梭利采用特殊的教育方法,进行了举世闻名的教育实验,创立了蒙台梭利教育体制,创造了教育的奇迹,受到世界瞩目。以她的名字命名的教育方法——蒙台梭利教学法传遍了全世界。今天,世界各地都有蒙台梭利幼儿园,并用她的教育思想、方法、教具进行教育。主要著作有《蒙台梭利教学法》《童年的秘密》《教育人类学》等,被誉为 20 世纪初的"幼儿园改革家"。蒙台梭利的教育理论主要有:

(1)幼儿自我学习的法则。蒙台梭利的教育思想是以她的儿童观为依据的。她认为每个儿童都是一个遵循自身内部法则的生物体,都有各自不同的需要和发展进程表。蒙台梭利的教育原理是以"儿童生命"为出发点,是关于"生命"的原理,她认为教育的目的在于发现儿童的"生命的法则",帮助儿童发展生命。蒙台梭利认为,要建立一种合乎科学的教育,其基本原则就是使儿童获得自由,使儿童从妨碍其身心发展的障碍中解放出来,使儿童的天性得以自然地表现。因此,在"儿童之家",不采用固定的班级制度,只采用大体的分组,让儿童自由选择教具,做自己愿意做的事情。当然,这种自由不是盲目的、放纵的,而是积极的、负责的,儿童在自由活动中要严守秩序,要感到自治与责任,从而培养自律的人格。

(2)重视教育环境的作用。在蒙台梭利教育中,一个有准备的环境是关键。他认为"幼儿的发展离开适宜的环境是不可能实现的",因此,教育就是给幼儿创造一个好的学习环境。这个环境要具有以下四个特点:①一个自由发展的环境,有助于儿童创造自我和实现自我;②一个有秩序的环境,儿童能在这里安静而有规律地生活;③一个生气勃勃的环境,幼儿在这里充满生气、欢乐和可爱,毫不疲倦地生活,精神饱满地自由活动;④一个愉快的环境,几乎所有的东西都是为儿童设置的,适合于儿童的年龄特点,对儿童有极大吸引力。

(3)教师的作用。在蒙台梭利教育中,教师不是传统的灌输知识的机器,而是一个环境的创设者、观察者、指导者。教师对幼儿精心设计环境和学习材料,提供必要的发展手段,保证幼儿能够展开自由的学习。教师通过"全神贯注的观察"去发现幼儿巨大的个体差异,对幼儿的不同需要做出恰当的反应,提供必要的帮助。蒙台梭利明确指出,幼儿自由学习的质量是由教师的质量决定的,正是教师才使幼儿的自由得以实现。

(4)幼儿的自由和作业的组织相结合的原则。蒙台梭利认为,给予幼儿自由和教师对作业的组织是一个统一体的两个侧面。她说:"理想的作业组织给了幼儿自我发展的可能性,给了幼儿发泄能量的机会,才使每个幼儿获得了满足。"没有作业组织的自由将是毫无效益的,没有作业手段、被放任自流的幼儿将一事无成。因此她认为,教师在为幼儿的自由发展创造条件的同时,当然也要设置必要的纪律。

(5)重视感觉教育。蒙台梭利非常重视对3~6岁幼儿的感官教育,她认为3~6岁是儿童身心迅速发展的时期,幼儿的各种感官先后处于敏感期,因此必须对幼儿进行系统的和多方面的感官训练,使他们通过与外部世界的直接接触发展敏锐的感觉和观察力,为高级的智力活动和思维发展奠定基础。因此,通过教育实践设计了一套发展感官的教学材料,称为"蒙台梭利教具",比如用以辨别物体形状、大小、高低、长短的镶嵌版,辨别声音、音色的音筒,辨别气味、味道的瓶子,练习小肌肉活动的纽扣板,等等。

蒙台梭利的教育理论受到了不少批评,比如偏重智能而较忽视幼儿情感的陶冶,忽视幼儿的社会化活动,感官教育教具脱离幼儿的实际生活,过于狭隘、呆板,操作法过于机械,等等。但是,蒙台梭利教育的伟大功绩、对世界幼儿教育的巨大贡献是不可否认的,他的教育理论重视幼儿身心发展特点、重视幼儿的自主性和自我学习,重视环境的作用等教育思想,无论在蒙台梭利时代还是在今天,都具有不衰的生命力。

3. 陶行知的幼儿教育思想

陶行知是我国伟大的人民教育家和民主革命家,在教育救国思想的影响下,他毕生从事改革旧教育,推行生活教育、大众教育,为我国教育做出了重大贡献。在教育实践中,他创立了生活教育理论和教、学、做合一的教育方法。陶行知十分重视幼儿教育,认为对人才的培养应该从小抓起,认为"幼儿教育应视为人生的基础,不可不趁早给他建立得稳""小学教育是建国之根本,幼稚教育尤为根本之根本"。在幼儿教育方面,他的主要贡献有:

(1)我国农村幼儿教育事业的开拓者。陶行知先生猛烈批评旧中国的幼儿教育,认为害了"外国病、花钱病、富贵病",坚决主张建立适合中国国情的、省钱的、平民的幼儿园。他积极宣传中国幼儿教育的新的发展方向,认为工厂、农村是幼儿园的新大陆。为唤起国人对幼儿教育的重视,他身体力行投身于幼儿教育实践,1927年,他带领学生在南京郊区创设了我国第一所乡村幼稚园——南京燕子矶幼稚园。1929年,在他的引导下,成立了我国最早的,也是唯一的一所专门研究农村幼儿教育的群众性组织——晓庄幼教研究会,探索中国幼儿教育规律,指导幼稚园的工作。

(2)生活是教育的中心。通过实践总结,陶行知创立了生活教育理论。他认为"生活即教育、社会及学校","生活即教育"就是要使幼儿的生活成为幼儿的教育,寓教育于幼儿的一日生活中;"社会即学校"就是要使幼稚园周围的社会生活、自然现象和风土人情为教育内容,把学校延伸到大自然、大社会中去。以幼儿力所能及的地方为教室,以儿童所能接触到的事物为主要内容,参加种植、饲养等劳动,让儿童从中学习,自己解决问题、自己组织游戏,培养出"生龙活虎的体魄、活活泼泼的心灵的儿童来。"

(3)主张"教、学、做合一"的教育方法。陶行知反对教、学、做分家的教育现象,他说"看见国内学校里先生只管教,学生只管学的情形,就认定有改革之必要"。他还说"教、学、做是一件事,不是三件事。我们要在做上教、做上学。""比如种田这件事是要在田里做的,便须在田里做,在田里教。做是学的中心,也就是教的中心。""不再做上用工夫,教固不成教,学业不成学。"

(4)解放儿童的创造力。陶行知先生认为教育要启发、解放儿童的创造力,为他们提供手脑并用的条件和机会。具体包括五个方面:①解放儿童的头脑,把他们的头脑从迷信、成见、曲解和幻想中解放出来;②解放儿童的双手,教育要给儿童动手的机会;③解放儿童的嘴巴,给儿童说话的自由与机会,允许他们提出问题;④解放儿童的空间,让他们接触大自然、大社会;⑤解放儿童的时间,给他们自己学习、自己活动的时间,给他们一点时间消化所学知识,学一点他们自己渴望要学的学问,做一点他们自己高兴要做的事情。

陶行知先生的幼儿教育思想,在今天的学前教育工作中,仍然具有很强的现实指导意义。

4. 陈鹤琴的幼儿教育思想

陈鹤琴是中国近代学前儿童教育理论和实践的开创者,一生致力于探索中国化、平民化、科学化的幼儿教育道路、致力于建立具有民族特色的中国现代儿童教育。他率先在我国采用日记法研究儿童心理,通过对长子陈一鸣成长的追踪研究,探索中国儿童心理发展及教育规律,写成了《儿童心理之研究》,是我国以观察实验法研究儿童心理发展的最早的学者之一。他率先采用实验法于1923年创办我国最早的幼儿教育实验中心——南京鼓楼幼稚园,开展幼儿研究,进行中国化、科学化的幼儿园实践。他还发起组织了幼稚教育研究会,创办了我国最早的幼稚教育研究刊物《幼稚教育》。抗战时期,他创办了我国第一所公立幼稚师范学校——江西省立实验幼稚师范学校,1945年,又创办了上海幼稚师范学校,为我国幼儿教育资格培训事业做出了不可磨灭的贡献。

(1)提倡适合中国国情的中国化幼儿教育。陈鹤琴先生批评当时的幼儿园不是抄袭日本就是模仿欧美,生搬硬套外国的教材、教法,全然不顾中国的国情。他说:"抄来抄去,到底弄不出什么好的教育来。"他坚决主张"处处以适应本国国情为主体,那些具有世界性的教材教法也可以采用,总以不违反国情为唯一的条件"。同时,他积极地推进为中国平民服务的、培养民族的新生一代的幼儿教育,大声疾呼"幼稚园不是专为贵妇们设立的,还要普及工农幼稚园"。

(2)反对死教育、提倡活教育。陈鹤琴先生反对埋没人性的、读死书的教育,经过大量的教育实践和研究,陈鹤琴先生创建了"活教育"理论体系,提出了"做人、做中国人、做现代中国人"的教育目的、"大自然、大社会都是活的教材"的幼儿园课程理论以及"做中学、做中教、做中求进步"的教学方法。他的活教育理论,对中国幼儿教育产生了重大而深远的影响。

陈鹤琴先生指出,要遵照活教育的精神办幼儿园,必须"以自动代替被动",必须是"幼儿自动的学习、自发的学习",自己动手用脑获得知识,教师必须尊重幼儿的自主性,不能搞传统的注入式、消极地管束幼儿等。这样的要求体现了全新的教育观,对旧教育的冲击是十分巨大的。

"活教育"提出幼儿园的教育目标应当是育人,培养国家民族所需要的新生一代,培养身体健康、能建设、能创造、能合作、能服务的"现代中国人"。

"活教育"提出实现教育目标的教育方法,"非从'做'做起来不可",应当是"做中教、做中学。"还要以大自然、大社会为活教材,与实际紧密结合,同时,活教育"做"的过程本身也是幼儿园最好的教育内容。

在幼稚园教育方面,陈鹤琴先生提出幼儿教育的17条原则,如"凡是幼儿能做的,让他自己做;凡幼儿能想的,让他自己想"等教育主张,体现了尊重幼儿的主体性、重视幼儿动手动脑获取直接经验的教育思想。在幼稚园课程理论方面,反对课程脱离幼儿生活实际、反对实行分科教学,强调以幼儿经验、身心发展特点和社会需要作为选择教育内容的标准,提倡综合的单元教学和以社会自然为中心的"整个教学法",主张采用游戏式的教学方法。

(3)幼儿园课程理论。陈鹤琴先生反对幼儿园课程脱离实际,主张根据儿童的环境——自然的环境、社会的环境作为幼稚园课程系统的中心,让儿童能充分地与实物接触,获得直接经验。他还认为,"应当把幼稚园的课程打成一片,成为有系统的组织",虽然他把课程内容划分为健康活动、社会活动、科学活动、艺术活动、文学活动五项,但这五类活动是一个整体,犹如人的手指与手掌一样,这五类活动是骨肉相连、血脉相通的,因此这五类活动被称为"五指活动"。在实施课程的过程中,强调要以幼儿经验、身心发展特点和社会发展需要作为教材的标准,反对实行分科教学,提倡综合的单元教学,以社会自然为中心的"整个教学法",主张游戏式的教学。

(4)重视幼儿园与家庭的合作。值得一提的是,陈鹤琴先生还十分重视家庭教育对幼儿的影响,指出要把科学地了解儿童作为实施家庭教育的依据,主张幼稚园要与家庭合作,教育儿童是幼稚园和家庭共同承担的责任。他说"儿童的教育是整个的、是继续的",只有家庭和幼儿园双方配合,才会有大的效果。

陈鹤琴先生丰富的幼儿教育理论和实践是我国幼儿教育的宝贵财富,在我国幼儿教育深入发展的今天,学习和研究他的幼儿教育思想及理论,对当前建设新时代具有中国特色的幼儿教育事业仍具有很高的思想价值。

三、学前教育学的研究对象及任务

(一)学前教育学的研究对象

每一门科学都有自身特有的研究领域。"科学研究的区分,就是根据科学对象所具有的特殊的矛盾性。因此,对于某一现象的领域所特有的某一种矛盾的研究,就构成某一门学科的对象。"①学前教育学是教育学的重要组成部分,因此讨论与确定学前教育学的研究对象就离不开对教育学相关研究成果与结论的借鉴。

自然科学和人文社会科学的形成都是从研究各自领域中的重要问题开始的,但是人们却常常把现象、事实和问题混淆起来。大河内一男等日本学者在区分现象、事实和问题的过程中提出"教育学就是教育问题的科学"。在这些日本学者看来,"即使认为以自然现象为研究对象可以构成自然科学,也不是说,作为事实的自然现象就能直接变成自然科学。在二者之间必须有人的活动介入其中,把作为事实的自然现象作为科研的问题提出来。然而,只有把这一事实作为一个问题提出来的时候,才有科学研究的发端"。日本学者的这一"教育问题说"对中国教育理论界产生了巨大的影响,以北京师范大学的教育学者孙喜亭、成有信、石中英、周作宇等人为代表,他们或者提出"教育学的对象是教育问题,是在教育实践活动中产生并被意识到的涵盖教育事实和教育价值之统一的教育问题"或者认为"教育原理的对象是研究以教育事实为基础的教育中的最一般的问题"或者以波普尔和 L. 劳丹等人的科学哲学为理论源泉,通过"问题—方法"的结构和主客体的关系分析提出这样的论断:"从静态的名词性的理论观考察,教育理论是由教育问题及其对问题的解组成的。如果从动态的动词性的理论观考察,教育理论就是教育理论主体对教育问题所进行的尝试性的解答。"②

"教育学的研究对象是教育问题,这已成为我国和日本、英国等教育学界的共识。"①学前教育学是教育学的一个分支学科,这意味着学前教育学的研究对象应该是学前教育问题。比如当前的热点话题"幼儿教育小学化""入园难入园贵"等问题。

(二)学前教育学的研究任务

科学研究的任务是透过现象认识事物的本质,学前教育学要实现建构理论,描述和解释学前教育现象和学前教育问题,揭示学前教育规律的目的,需要完成本学科的以下研究任务。

(1)总结我国学前教育发展的已有经验,研究学前教育理论与实践,探索学前教育的规律及今后发展的趋势。

(2)帮助学前教育机构和家庭科学地对学前儿童进行教育,为培养新生一代做科学指导。

(3)为国家和有关部门制定学前教育发展的有关政策、措施以及进行学前教育改革提供理论依据,为学前教育的提高与发展做出努力。

① 石中英.略论教育问题的主观性[J].教育研究,1996(11):44-47.

第二章

学前教育的要素、性质及特点

学前教育是对0~6周岁学龄前儿童身心施加影响的一种社会实践活动,这种社会实践活动因其教育对象身心发展的特殊性,决定了它与其他同类社会实践活动的性质、特点迥异。

第一节 学前教育的要素及发展趋势

学前教育作为一种社会实践活动,它与社会发展的其他因素之间有复杂的相互能动作用,它的实施需要具备一些基本要素,并且随着社会的不断发展,学前教育也呈现出与同时代社会发展需求相呼应的发展趋势。

一、学前教育的要素

学前教育的要素就是指构成学前教育实践活动必须具备的基本要素。因学前教育是教育的一部分,有必要先来梳理一下教育活动的基本要素。关于教育活动的基本要素比较有代表性的有三要素说、四要素说、五要素说和六要素说。

(1)三要素说。南京师范大学教育系编的《教育学》认为,教育活动的要素有教育者、受教育者和教育影响;王道俊、王汉澜主编的《教育学》把教育活动的基本要素分为教育者、受教育者和教育措施;陈桂生先生在其著作《教育原理》中把教育活动的要素分为教育主体、客体和教育资料;全国十二所重点师范大学联合编写的《教育学基础》中认为教育活动的基本要素包括教育者、学习者和教育影响。

（2）四要素说。把教育活动的要素分为教育者、受教育者、教育内容和教育手段。

（3）五要素说。认为教育是由教育者、受教育者、教育方法、教育内容、教育环境五个要素构成。

（4）六要素说。认为教育的基本要素有教育者、受教育者、教育内容、教育手段、教育途径和教育环境。

实际上，四要素、五要素和六要素说是把教育影响的基本要素更进一步具体化的结果。据此，教育活动的基本要素按照比较常用的三要素说，具体包括教育者、学习者、教育影响。那么，作为对 0～6 岁学前儿童实施教育的一种社会实践活动，学前教育的要素就包括教育者、学前儿童、学前教育影响。

1. 教育者

教育者就是从事教育活动的人。从广义上来讲，学前教育实践活动的教育者是指凡是对学前儿童身心发展产生影响的他人。作为教育者，必须明确教育实践活动的目的，理解自身在教育实践活动中所肩负的促进个体发展的任务或使命。因此，"教育者"这个概念，不仅是对从事教育职业的人的"总称"，更是对他们内在态度和外在行为的一种"规定"。

2. 学前儿童

学前儿童是指 0～6 周岁的儿童，作为一个独立的个体，学前儿童享有与成年人平等的权利。学前儿童阶段是其身体发育和机能发展极为迅速的时期，是形成安全感和乐观态度的重要阶段，[①]是语言发展特别是口语发展的重要时期，是其社会性不断完善并奠定健全人格基础的阶段。可见，学前儿童阶段是其身体、语言、社会性、情绪情感发展的关键时期，此时期的教育对其终身发展的影响深远。

学前儿童的生长变化速度惊人，学前儿童学习语言能力，产生自我意识

---

① 中华人民共和国教育部.3～6 岁儿童学习与发展指南[M].北京:首都师范大学出版社,2012:3.

和在特殊文化背景下的自我环境意识能力的发展速度非常快。学前儿童的认知能力有了全面的发展,他们的思维方式与成人不同,学龄前儿童处于前运算时期,往往凭知觉认识事物,而不是靠思维,还不能够进行逆向思维。学前儿童社交能力有一定的发展,学前儿童开始获得最起始的社交能力,对成年人在社交行为方面的适当指教往往能做出正面反应,在与同龄人的交往中富有创造力并相互影响。

学前儿童的发展是一个持续、渐进的过程,表现出一定的阶段性特征。但是,每个学前儿童在沿着相似进程发展的过程中,各自的发展速度又体现出个体差异。教育者要充分理解和尊重学前儿童发展进程中的个别差异,支持和引导他们从原有水平向更高水平发展,按照自身的速度和方式到达《3~6岁儿童学习与发展指南》所呈现的发展"阶梯",切忌用一把"尺子"衡量所有学前儿童。

3. 学前教育影响

学前教育影响是指在学前教育实践活动中教育者作用于学前儿童的第三方媒介,既包括了教育者与学前儿童相互作用的内容,也包括了相互作用的形式,是形式和内容的统一。从内容上说,主要就是教育内容、教育材料;从形式上说,主要就是教育手段、教育方法、教育组织形式。正是教育内容与教育形式相统一的学前教育影响,使得学前教育活动成为一种相对独立的社会实践活动。

上述学前教育的三要素之间既相互独立,又相互规定,共同构成一个完整的学前教育实践活动系统。各个要素本身的变化,必然导致学前教育系统状况的改变。不同学前教育要素的变化及其组合,最终形成了多样的学前教育形态,担负起促使学前儿童社会化和社会个性化的神圣职责。

二、我国学前教育的发展趋势

自改革开放以来,特别是2010年《国家中长期教育发展与改革规划纲要(2010—2020年)》颁布实施以来,我国学前教育从数量、规模、发展过程发生了跨越式的突飞猛进的变化,学前教育将呈现出以下的发展趋势。

1.学前教育普及普惠

关于普惠性学前教育的内涵,目前学界主要有以下观点:一是认为普惠性学前教育面向大众,是公共资金举办的公共学前教育服务机构;① 二是从"普惠""普惠性"等词义出发,认为普惠性学前教育目的在于使广大人民群众享有平等受教育的机会,②包含受益主体的多元性、弱势补偿性、保教质量的高水平等;③ 三是从政策、学术及公众语言出发,认为普惠性学前教育应当包括"付得起""达得到""配得齐""顾得广""适得度"等内涵。④ 当然,中央对普惠性学前教育不同节点的政策指向不同,普惠性学前教育的内涵也发生相应流变。

自柏拉图在《理想国》中最早提出教育公平与正义的思想开始,教育公平问题就成为教育界亘古不变的话题。2010 年,国务院发布《关于当前发展学前教育的若干意见》首次提出普惠性学前教育,要求"发展学前教育,必须坚持公益性和普惠性……"。2014 年,教育部、国家发展改革委、财政部印发的《关于实施第二期学前教育三年行动计划的意见》提出"坚持公益普惠,进一步优化学前教育资源配置……"的基本原则。2017 年,国务院印发《国家教育事业发展"十三五"规划》、教育部等四部门《关于实施第三期学前教育行动计划的意见》等文件,明确了普惠性学前教育发展的目标,并对普惠性学前教育工作进行了重要安排和部署。2018 年,中共中央国务院颁布的《关于学前教育深化改革规范发展的若干意见》提出了新时代学前教育普及普惠安全优质发展的目标。2020 年,教育部颁发《县域学前教育普及普惠督导评估办法》提出其目的及意义在于"为推动县级人民政府履行发展学前教育职责,不断提高学前教育普及普惠水平,更好实现幼有所育"。2021 年,教育部等九部门印发的《"十四五"学前教育发展提升行动计划》提出"强化公益

① 冯晓霞.大力发展普惠性幼儿园是解决入园难入园贵的根本[J].学前教育研究,2010(05):4-6.

② 秦旭芳,王默.普惠性幼儿园的内涵、衡量标准及其政策建议[J].学前教育研究,2012(07):22-26+30.

③ 李琳琳.普惠性学前教育的内涵与实现路径[J].科技展望,2016(09):346.

④ 姜勇,李芳,庞丽娟.普惠性学前教育的内涵辨析与发展路径创新[J].学前教育研究,2019(11):13-20.

普惠。践行以人民为中心发展思想,坚持学前教育公益普惠基本方向……"的基本原则。

自 2010 年颁布《国家中长期教育改革和发展规划纲要(2010—2020年)》(以下简称《规划纲要》)以来,学前教育的发展战略高度重视"入园"机会公平,特别是出台《国务院关于当前发展学前教育的若干意见》之后,各级政府大力推动施行"学前教育三年行动计划",学前教育在校幼儿人数从 2010 年的 2 976.67 万人增至 2017 年的 4 600 万人①,学前教育适龄儿童毛入园率从 2010 年的 56.6%增至 2017 年的 79.6%②。可见,近些年中国学前教育的服务能力有了很大提升,学前教育实现了历史性跨越,为广大学前儿童带来了福祉。

重点关注农村贫困家庭幼儿,自《规划纲要》提出"重点发展农村学前教育"的学前教育发展任务后,在党中央国务院的坚强领导下,特别是实施由国家发改委及教育部负责的"农村学前教育推进工程"后,全国农村在园幼儿人数逐年递增,从 2011 年的 3 424.5 万人增至 2016 年的 4 413.9 万人;农村在园幼儿从 2011 年的 2 227.3 万人增至 2016 年的 2 822.8 万人,③农村学前儿童入园机会逐步扩大,缩小了城乡学前教育发展不平衡格局。

总之,坚持公益普惠是我国学前教育健康持续发展的基本条件,也是学前教育质量的有力保障。在习近平新时代中国特色社会主义思想的指导下,我国学前教育事业要把实现学前教育普及普惠安全优质发展作为提高普惠性公共服务水平,努力满足人民群众幼有所育的美好期盼。

2. 高质量发展

"高质量发展"是一个复合概念,在教育话语体系中对这一概念进行了分解式理解,"高质量发展"的"关键词"分别是"发展"和"质量",是重视"质

---

① 中华人民共和国国家统计局[EB/OL]. http://data. stats. gov. cn/easyquery. htm? cn=C01.

② 陈宝生在十三届全国人大一次会议记者会上答中外记者问　努力让每个孩子都能享有公平而有质量的教育[N/OL].中华人民共和国教育部 http://www. moe. gov. cn/jyb_xwfb/gzdt_gzdt/moe_1485/201803/t20180319_330463. html.

③ 教育部.全国教育事业发展情况[EB/OL].中华人民共和国教育部. http://www. moe. gov. cn/.

量"还是重视"发展"？高质量发展中的"质量"强调的是发展的"质量"，发展的"质量"是提高育人的"质量"，以立德树人为根本任务，实现人的自由发展。高质量发展并非"量"的估量尺度、程度增减或数量多少，关键在于寻求教育的原点与本质的回归，是教育发展层次和阶段的转型与突破，更是"量"作为转化引起"质"的升级。①

《中国教育现代化2035》将"普及有质量的学前教育"作为2035年主要发展目标。② 学前教育高质量发展包含四个层面的质量理解：导向性质量、结构性质量、过程性质量、结果性质量。

（1）导向性质量不仅包括幼儿教师的教育观念、价值观和对教育目标的理解，也包含政府颁布的教育指导纲要、办园投资方的方案以及园本方案里规定的纲领等指导内容。

（2）结构性质量是指系统层面的教育资源得到公平配置及有效利用，包括环境空间、教育经费、教育资源、人力资源等。

（3）过程性质量以课程与教学为核心，关注教师与儿童之间互动的本质，包括师幼互动、同伴交往、家园合作、活动组织等。

（4）结果性质量指学前教育有效促进儿童在认知与非认知方面的发展，如幼儿园五大领域的知识技能、多元智能及培养积极的情感、态度和价值观。

2018年，中共中央、国务院《中共中央 国务院关于学前教育深化改革规范发展的若干意见》提出："到2035年，全面普及学前三年教育，建成覆盖城乡、布局合理的学前教育公共服务体系，形成完善的学前教育管理体制、办园体制和政策保障体系，为幼儿提供更加充裕、更加普惠、更加优质的学前教育。"优质教育是学前教育的根本追求，只有不断提升教育质量，才能促进幼儿健康成长。提高学前教育质量是实施公益普惠的目的，也是学前教育的根本追求；完善学前教育体制机制又是实现公益普惠和提高学前教育质

---

① 王鉴,谢雨宸.乡村学前教育高质量发展的内涵、逻辑与长效机制[J].东北师大学报（哲学社会科学版）,2022（2）:1-9.

② 中共中央、国务院印发《中国教育现代化2035》[EB/OL]. www.moe.gov.cn/jyb_xwfb/s6052/moe_838/201902/t20190223_370857.html.

量的基础及保证。学前教育质量的核心是不断支持和促进幼儿成长,本质是让幼儿得到更好的发展。①

2011 年以来,教育部修订印发了《关于规范幼儿园保育教育工作,防止和纠正"小学化"现象的通知》《3～6 岁儿童学习与发展指南》《幼儿园工作规程》等系列文件,规范全国各地幼儿园保教质量科学化。自 2012 年起,教育部将每年 5 月 20 日—6 月 20 日定为"全国学前教育宣传月",大力普及科学育儿理念和育儿方法,引导全社会遵循幼儿生长发展规律科学实施保教活动。2018 年,教育部办公厅发布《关于开展幼儿园"小学化"专项治理工作的通知》(教基厅函〔2018〕57 号),明确治理任务和治理步骤,以此促进幼儿园提高科学保教水平。②

第二节　学前教育的性质及目标

学前教育是基础教育的重要组成部分,是学校教育与终身教育的奠基阶段,这是《幼儿园教育指导纲要(试行)》对学前教育性质的规定。学前教育的教育对象是身心发展尚未成熟的学龄前儿童,教育对象的特殊性就决定了学前教育的本质属性及其国家对学前教育的人才培养质量规格和标准与其他学段的不同。

一、学前教育的性质

《幼儿园工作规程》是我国关于学前教育的重要文件法规,其中第一章第二条明确提出"幼儿园是对 3 周岁以上学龄前幼儿实施保育和教育的机构。幼儿园教育是基础教育的重要组成部分,是学校教育制度的基础阶段。"在这里就明确地界定了学前教育的性质:

---

① 虞永平.努力发展以质量为导向的学前教育[J].幼儿教育,2019(Z1):4-7.
② 李红霞.十八大以来幼有所育学前教育的发展成效[J].现代职业教育,2019(4):22-23.

1. 基础性

学前教育阶段的教育重在幼儿各种良好习惯、行为品质等方面的养成，为基础教育奠定良好的基础，同时也是一个个体终身教育的开端，是我国国民教育体系的重要组成部分。学前教育对于促进学前儿童个体的全面健康发展、巩固和提高义务教育质量与效益，提升国民素质、缩小城乡差距、促进教育和社会公平具有重要价值，这是学前教育基础性的体现。

2. 公益性

学前教育的公益性是指学前教育活动应当尊重社会全体成员的共同利益。《中华人民共和国教育法》明确规定："教育活动必须符合国家和社会公共利益，国家实行教育与宗教相分离。任何组织和个人不得利用宗教进行妨碍国家教育制度的活动""国家举办学校及其他教育机构，应当坚持勤俭节约的原则。以财政性经费、捐赠资产举办且二者参与，举办的学校及其他教育机构不得设立为营利性组织"。坚持教育的公益性是我国教育事业健康发展的基本要求，学前教育作为教育体系的一个部分也不例外。

二、学前教育的目的与目标

学前教育作为对 0~6 周岁学前儿童身心施加影响的社会实践活动，培养什么样的学前儿童、如何培养学前儿童以及为谁培养学前儿童是学前教育的根本问题。

1. 教育目的

教育目的就是一个国家为教育确定的培养人才的质量规格和标准，是社会通过教育过程要在学习者身上形成的所期望的结果或达到的标准。它具体规定着教育为谁培养人和培养什么样的人。

《中华人民共和国教育法》规定："教育必须为社会主义现代化建设服务，为人民服务必须与生产劳动和社会实践相结合，培养德、智、体、美、劳全面发展的社会主义建设者和接班人。"2018 年全国教育大会提出我国教育的根本目的是"培养德智体美劳全面发展的社会主义建设者和接班人，加快推进教育现代化、建设教育强国、办好人民满意的教育。"从这些对教育目的的表述不难发现,随着社会经济的不断发展,教育的人才培养质量规格和标准也是在不断发展变化的。

教育目的是对各级各类教育机构提出的统一的人才培养目标,体现了当代社会的教育追求。教育目的的实现是一个长期的、连续的教育过程,而各年龄阶段教育对象的身心发展又存在差异,必须根据不同学段教育对象的实际情况提出不同程度的人才培养质量规格和标准。

2.学前教育目标

学前教育是对0~6周岁的学前儿童进行的教育,根据0~6周岁学前儿童的特点,国家提出了符合这个年龄阶段身心发展特点的人才培养质量规格和标准,这就是学前教育目标。学前教育目标的内涵是指教育目的在学前教育这一阶段的具体化,是国家对学前教育阶段提出的人才培养的规格和要求,它具体规定着学前教育为谁培养人和培养什么样的人。

根据学前儿童的年龄特点,将这一阶段又分为婴儿教育和幼儿教育,当前纳入我国学制系统的只有面向3~6周岁幼儿的教育,也即幼儿园教育。2016年修订颁布实施的《幼儿园工作规程》在第一章规定了幼儿园保育和教育的总目标是"实施德、智、体、美等方面全面发展的教育,促进幼儿身心和谐发展。"同时,《幼儿园工作规程》第一章第五条提出了我国幼儿园保育和教育的主要目标:

(1)促进幼儿身体正常发育和机能的协调发展,增强体质,促进心理健康,培养良好的生活习惯、卫生习惯和参加体育活动的兴趣。

(2)发展幼儿智力,培养正确运用感官和运用语言交往的基本能力,增进对环境的认识,培养有益的兴趣和求知欲望,培养初步的动手探究能力。

(3)萌发幼儿爱祖国、爱家乡、爱集体、爱劳动、爱科学的情感,培养诚实、自信、友爱、勇敢、勤学、好问、爱护公物、克服困难、讲礼貌、守纪律等良好的品德行为和习惯,以及活泼开朗的性格。

(4)培养幼儿初步感受美和表现美的情趣和能力。[①]

---

① 中华人民共和国教育部委员会.2016版幼儿园工作规程[M].北京:首都师范大学出版社,2016:2.

幼儿园教育目标的确定,为我国幼儿教育工作者规定了 3~6 岁幼儿培养的规格和要求,为幼儿的发展指明了方向,为幼儿园教育过程提供了明确的指导依据。我国幼儿园教育目标的制定不是凭空产生的,是依据多种影响因素科学制定的,制订幼儿园教育目标的依据主要有:

(1)教育目的。教育目的是一个国家对人才培养的纲领性规定,幼儿园教育目标是教育目的在幼儿园这一阶段的具体化,必然要依据我国的教育目的来制定。基于此,幼儿园教育目标强调的亦是培养全面发展的人。

(2)幼儿身心发展的特点和规律。幼儿园教育的对象是 3~6 周岁的幼儿,幼儿园教育的基本职能是促进幼儿的身心发展,引导幼儿最大程度地发挥自身的发展潜能,《幼儿园教育指导纲要》也明确提出"幼儿园必须把保护幼儿的生命和促进幼儿的健康放在工作的首位"。因此,幼儿园教育目标的制定一定要尊重幼儿的身心发展特点及规律,基于此《幼儿园工作规程》中把"体育"置于幼儿园保育与教育目标首位。

(3)社会对人才培养的需要。我国人才培养的终极目标是成为"社会主义事业的建设者和接班人",幼儿园教育是终身教育的奠基阶段,因此,幼儿园教育一定要考虑未来社会对人才培养的要求。

国家对幼儿园教育目标的表述是从宏观层面设计的,要实现这一目标,需要对幼儿园教育目标进行分解,可以从两个维度进行划分:一是纵向维度的划分,可以把幼儿园教育目标分解为幼儿园教育目标、年龄阶段目标、学期教育目标、主题教育目标、一日活动目标五个层次。二是从横向维度的划分,又可以从三个维度进行分解,从幼儿园教育目标的内容可以划分为体育、智育、德育、美育、劳育五个方面,从幼儿园教育目标实现的领域可以划分为健康、语言、社会、科学、艺术五个方面,从幼儿园教育目标的达成程度,也即幼儿身心发展方面可以划分为身体动作、认知、情感、社会性等方面的发展。

第三节　学前教育的特点及原则

学龄前儿童以具体形象思维为主,他们的学习是以直接经验为基础、通过游戏和日常生活进行的,他们的学习方式是通过直接感知、亲身体验、实际操作开展的。那么,学前教育就表现出了与其他学段的教育截然不同的教育特点和教育教学遵循的基本要求。

一、学前教育的特点

教育部办公厅发布《关于开展幼儿园"小学化"专项治理工作的通知》(教基厅函〔2018〕57号),文件中指出"一些幼儿园违背幼儿身心发展规律和认知特点,提前教授小学内容、强化知识技能训练,'小学化'倾向比较严重,这不仅剥夺了幼儿童年的快乐,更挫伤了幼儿的学习兴趣,影响身心健康发展。"教育部出台专项治理"小学化"的文件,说明"小学化"现象已经是制约学前教育事业健康发展的一个普遍问题了,实际上"小学化"现象就是没有正确认识学前教育与小学教育的不同之处,没有正确理解学前教育的自身特点。学前教育的特点体现在以下五个方面:

1. 生活化

学前儿童的年龄特点和身心发展需要,决定了幼儿园教育要紧密结合学前儿童的生活经验,才能被其理解和接受。《幼儿园教育指导纲要》第一章第四条指出:"幼儿园应为幼儿提供健康、丰富的生活和活动环境,满足他们多方面发展的需要,使他们在快乐的童年生活中获得有益于身心发展的经验。"由此可见,浓厚的生活化是幼儿园教育的本质特征,既然如此,幼儿的实际生活经验应成为幼儿园教育内容的源泉,幼儿每日的生活活动应成为幼儿园教育实施的主要途径之一。

2. 游戏化

《幼儿园教育指导纲要》第一章第五条指出"幼儿园教育应尊重幼儿的人格和权利,尊重幼儿身心发展的规律和学习特点,以游戏为基本活动,保教并重,关注个别差异,促进每个幼儿富有个性的发展。"游戏符合学前儿童的年龄特征,能够满足学前儿童的各种身心发展需要。游戏从本质上来看是学前儿童自身的一种自由自发的主体性活动,对学前儿童的发展有着多方面的价值。因此,游戏是幼儿园教育的基本活动,也是学前儿童基本的学习方式。

3. 活动性和直接经验性

学前儿童的思维以具体形象思维为主,这种具有行动性和形象性的认知方式和认知特点,使得幼儿园课程必须以学前儿童主动参与的教育性活动为基本的存在形式和构成成分。因此,学前儿童只有通过直接感知、亲身体验、实际操作的活动中的学习才是有意义的学习,在这个学习过程中,学前儿童是通过发挥个体自身的主观能动性与周围环境互动来获取经验、建构图式,此种经验乃是直接经验。

4. 启蒙性

《幼儿园教育指导纲要》指出"幼儿园教育内容是全面的,启蒙性的……"。《现代汉语词典》对"启蒙"的解释是使初学者得到基本的、入门的知识。幼儿园教育的启蒙性是指幼儿园教育要与幼儿的现实发展需要联系起来,要启于未发,适时而教,循序而育,以免损伤"幼嫩的芽",而促进其苗壮成长。[①] 学前儿童的教育要把其探究外部周围世界的情感、态度至于学习与发展首位,在探究过程中发展其能力、生成关于外部周围世界的知识经验。

5. 潜在性

学前儿童正是在与环境中的物、人互动的过程中来获得体力、智力、社会性、情绪情感等方面的全面发展。从本质上讲,幼儿园教育作为一种有目的、有计划的教育过程,由于幼儿身心发展和学习的特点,使得幼儿园教育不是体现在显性的课堂、教材中,而是体现在学前儿童的日常生活、游戏和其他活动形式中。也就是说,幼儿园教育蕴含在环境、材料、活动和教师的行为中,潜移默化地对幼儿起作用。

二、学前教育的原则

幼儿园教育的特点决定了幼儿园教育与小学教育等其他学段完全不

---

① 刘凤英.何谓幼儿园教育的启蒙性[J].教育导刊(幼儿教育),2005(12):39.

同,幼儿园教育的实施者要遵循幼儿园教育的特点科学实施保教活动。在此基础上,还应遵循幼儿园教育的原则。

幼儿园教育的原则就是实施幼儿园教育必须遵循的基本要求,这是根据我国幼儿园教育的教育目标以及学前儿童身心发展特点,在总结了长期的学前教育实践经验的基础上提出来的。《幼儿园工作规程》第二十五条提出了幼儿园教育应当贯彻的基本原则和要求:

(1)德、智、体、美、劳等方面的教育应当互相渗透,有机结合。根据2018年全国教育大会精神提出的我国教育的根本目的是"培养德智体美劳全面发展的社会主义建设者和接班人",这一原则在《幼儿园工作规程》"德、智、体、美等方面的"基础上扩充为"德、智、体、美、劳等方面的",是要充分贯彻落实本次教育大会的精神。我国幼儿园教师在实施德、智、体、美、劳全面发展的教育过程中,要处理好五育之间的关系,这五个方面不能顾此失彼、厚此薄彼,德、智、体、美、劳处于同等重要的位置,要五育并重。另外,还要注意德智体美劳这五个方面是相互渗透、相互联系、相互制约的,不能将五育割裂起来,各行其是。

(2)遵循幼儿身心发展规律,符合幼儿年龄特点,注重个体差异,因人施教,引导幼儿个性健康发展。3~6周岁幼儿的年龄特点具有普遍性,小班、中班、大班的孩子在不同年龄段有每个年龄段身心发展的共性特点,比如就社会性发展角度来讲,幼儿在小班以平行游戏为主、中班以联合游戏为主、大班以合作游戏为主。与此同时,即使在同一个年龄段,每个学前儿童的发展速度和到达某一水平的时间不完全相同,教育者要充分理解和尊重学前儿童发展进程中的个别差异,切忌用"同样的标准"衡量所有孩子,比如在组织搭建游戏时,不能要求孩子们的搭建水平和某一位孩子的一样;组织绘画活动时,不能要求孩子们的绘画作品要和某一位小朋友一样,这显然未能遵循幼儿发展的个体差异性。

(3)面向全体幼儿,热爱幼儿,坚持积极鼓励、启发引导的正面教育。幼儿园教育必须面向每个幼儿,引导每个幼儿都能够达到教育目标的要求,教师要保证每个幼儿有同等的教育机会,必须平等地、一视同仁地对待所有的幼儿。对幼儿充满爱心,用爱心感染每一个孩子,让孩子们感受到关爱、温暖、信任。当孩子们犯错的时候,幼儿园教师要多采用正面引导、鼓励肯定的教育方式,引导孩子们养成知错就改、有错必纠的好习惯,避免使用讽刺、挖苦等消极语言,谨慎使用批评和惩罚。

(4)综合组织健康、语言、社会、科学、艺术各领域的教育内容,渗透于幼儿一日生活的各项活动中,充分发挥各种教育手段的交互作用。《幼儿园教育指导纲要》指出"幼儿园的教育内容是全面的、启蒙性的,可以相对划分为健康、语言、社会、科学、艺术等五个领域……"。幼儿园教育培养的是"完整儿童",基于此幼儿园教育内容要囊括学前儿童身体的、认知的、情感的、社会性的、个性的等方面全面发展的需要。幼儿园教育过程中,健康、语言、社会、科学、艺术五大领域不是孤立、割裂的,要注重五大领域的相互渗透,借助多样化的教学手段满足幼儿的个性化发展需求。

(5)以游戏为基本活动,寓教育于各项活动之中。幼儿园教师必须以游戏活动作为幼儿园教育最重要的实施途径与方法,在幼儿的一日活动中,要保证有足够的游戏机会和时间、空间,保障幼儿游戏的权利,要保证有开展游戏的足够资源,创设丰富的游戏环境,让幼儿能积极、愉快地参与游戏。此外,幼儿园教师还要将游戏与其他途径和方式相结合,生活活动、教学活动也是实施幼儿教育的途径和方式。

(6)创设与教育相适应的良好环境,为幼儿提供活动和表现能力的机会与条件。建构主义特别是社会建构主义认为,认识活动应该是一个在不同个体之间进行表述、交流、批评与反思以及不断改进的过程;学习者是通过外部环境与他人互动进行学习的,个人的认知系统是社会互动的结果(Vygotsky,1978)。[①]因此,幼儿园教育尤其注重环境的教育作用,幼儿园的物质环境及其常规等文化环境应有利于引发、支持、促进学前儿童的各种主动探索活动,有利于引发、支持学前儿童与其外部周围环境之间积极的互动。幼儿园环境中的一切人力资源均是宝贵的教育资源,教育者应创设宽松、自由、和谐的心理环境,积极主动地与孩子们形成民主、平等、和谐的师幼关系,正确引导孩子。

---

① 李红霞.建构主义理论对地方院校课程实践教学探索的启示[J].当代教育理论与实践,2015(4):43-45.

综上所述,幼儿园教育要遵循教育对象的年龄特点和身心发展规律,坚持以游戏为基本活动,引导孩子们通过直接感知、实际操作和亲身体验获取经验的需要,促进幼儿身心健康发展。

第三章
学前儿童身心发展及儿童观的演变及构建

"有什么样的儿童观就有什么样的教育观",作为从事学前教育的教育者,不仅要遵循学前儿童身心发展的一般规律对学前儿童身心施加影响,还要树立科学健康的儿童观。从而,运用科学的教育理念引领自身的学前教育实践活动,还给学前儿童一个快乐而有意义的童年。

第一节　学前儿童身心发展概述

学前儿童的身心发展表现出和其他年龄段儿童迥异的特点,尽管如此,学前儿童身心发展还是具有普遍性的、一般性的发展规律。

一、个体身心发展的一般规律

(一)个体身心发展的内涵

个体身心发展是指个体在从生命开始到生命结束的全部人生过程中,生理和心理不断发生变化的过程,包括生理发展和心理发展。生理发展一方面是指个体有机体的正常发育,即指身体结构形态的健全发展,如身高、体重、身体各系统及各器官;另一方面是指体质的增强,主要是适应周围外部环境的适应能力及疾病的抵抗能力的提升。心理的发展是指个体在认知、情感、社会性、个性等方面的发展。

个体的生理发展和心理发展并不是孤立的,这两者是相互联系、相互制约的,共同构成人的发展的统一体。生理的发展是个体心理发展的物质基础与生理前提,制约并影响着心理的发展;反之,个体心理的发展也影响着生理的发展。

(二)个体身心发展的一般规律

1. 个体身心发展的顺序性

个体身心发展是一个由低级到高级、简单到复杂、量变到质变的一个过程。比如,婴儿一般先发育心脏,然后再发育四肢,即由中间到四肢的规律;再比如婴儿动作的发展,先是头部动作,再是翻身、坐爬、站立、行走,是按照从上到下的顺序发展的。

2. 个体身心发展的阶段性

个体在不同阶段的身心发展特点是不同的,前后相邻的发展阶段之间是有规律地更替的,前一阶段时期内主要表现为身心发展在数量上的变化,经过一段时间,身心发展从量的积累上升到质的变化,从而实现发展水平达到一个新的阶段。比如说3~6岁幼儿的思维是以具体形象思维为主,这个阶段的孩子认识事物的特点就是具体化、形象化,因此,该阶段的孩子是以获取直接经验为主;而进入小学阶段之后,思维发展开始从具体形象思维向抽象思维过渡,这个阶段的孩子是以获得间接经验为主了。

3. 个体身心发展的不平衡性

人的身心发展的不平衡性是指在连续不断的发展过程中,个体身心发展的速度并不是完全与时间一致的匀速运动,在不同的年龄阶段发展的速度和水平是有明显差异的。具体表现在两方面:一方面,身心同一个方面的发展速度在不同的年龄阶段是不均衡的,比如说个体的身高发展在0~2岁和青春期是迅速发展的时期,显然身高发展在不同时期是不均衡的;另一方面,身心不同方面的发展速度在同一年龄阶段具有不平衡性,比如学前儿童身体各大系统的发展,神经系统、呼吸系统等方面发展比较迅速,生殖系统就处于"休眠"状态。

4. 个体身心发展的互补性

个体身心发展的互补性主要体现在两个方面:一方面是生理机能之间的互补,比如盲人的耳朵特别灵。另一方面是心理机能和生理机能之间的互补,比如身残志坚的音乐大师贝多芬。

5.个体身心发展的个别差异性

由于先天的遗传及后天的环境等综合因素的作用,个体的兴趣爱好、认知水平、能力等方面的身心发展是存在个体差异的。

(三)个体身心发展的一般规律对学前教育的启示

作为教育者,在对学前儿童实施教育的过程中要遵循个体身心发展的规律,个体身心发展的五大规律要引起对自身教育的反思。

1.教育活动要循序渐进

我国《学记》作为世界上第一部教育学书籍,提出"学不躐等""杂施而不孙,则坏乱而不修"的教育原则。教育者要尊重儿童身心发展的顺序性,教育活动必须遵循循序渐进的原则,不能拔苗助长,学前阶段的孩子就应该在游戏中、活动中亲身体验、直接感知、实际操作探究周围事物,不宜按照小学教育的特点进行超前的小学化教育。

2.教育要抓住儿童发展的关键期

教育者要尊重儿童身心发展的不平衡性,教育过程中需要重视儿童身心发展的关键期,不失时机地采取有效的教育措施。学前儿童是动作、语言、认知、社会性发展的关键时期,这一阶段的教育就要抓住动作、认知能力、语言发展、社会性发展这几个关键点实施教育。

3.教育要有针对性

教育者要尊重身心发展的阶段性,针对不同阶段孩子的特点,教育的实施要有针对性。学前儿童的教育要结合其具体化、形象化的思维特点,给孩子们创造适宜的环境和条件,引导孩子们在游戏中学、玩中学,不能按照小学阶段以讲授为主的教学进行教育。

4.教育要因材施教

每个儿童的发展是一个持续、渐进的过程,每个儿童在沿着相似进程发展的过程中,各自的发展速度和到达某一水平的时间不完全相同。要充分理解和尊重儿童发展进程中的个别差异,支持和引导他们从原有水平向更高水平发展,按照自身的速度和方式发展,切忌用一把"尺子"衡量所有儿童,①反对"千篇一律""一刀切"。

5.教育要善于发现儿童的闪光点

尊重身心发展的互补性,教育过程中要善于发现每个儿童的闪光点,结合儿童实际情况,扬长避短、长善救失。

二、个体身心发展影响因素的理论

分享一个案例:宝宝的爸爸妈妈都是大学教授,有人说遗传了这么好的素质,以后一定非常优秀;也有人说还是要看教育;爸爸妈妈说环境和遗传对孩子的影响大约一半一半吧。

这个案例中对同一问题众说纷纭的观点,实际上反映了对影响个体身心发展因素的不同认识。在人类历史上关于影响个体身心发展的因素形成了不同的观点,典型的观点有遗传决定论、环境决定论、二因素养论、多因素相互作用论。

(一)遗传决定论

认为儿童的发展是由先天的、内在的遗传因素所决定的,儿童心理发展过程就是这些先天遗传因素的自我发展和自我暴露的过程。代表人物是英国的高尔登和美国的霍尔,高尔登1869年在《遗传的天才》一书中说:"一个人的能力,乃由遗传得来,其受遗传决定的程度,如同一切有机体的形态及躯体组织之受遗传的决定一样。"美国心理学家霍尔认为"一两的遗传胜过一吨的教育"。遗传决定论意识到遗传对个体身心发展的作用,然而片面强调遗传在儿童心理发展中的作用,把个体的发展过程完全归结为生物学上的遗传特征,片面夸大遗传的作用,显然是片面的。

(二)环境决定论

重视教育和环境对儿童心理发展的作用,认为儿童心理的发展完全是

---

①　中华人民共和国教育部.3～6岁儿童学习与发展指南[M].北京:首都师范大学出版社,2012:2.

由环境决定的,人的发展是由后天的环境决定的。代表人物是美国心理学家华生,他的典型言论:"给我一打健全的儿童,一个由我支配的环境,我可以保证,无论这些儿童的祖先如何,我都可以把他们培养成为任何一种人,或者是政治家、军人、律师,抑或是乞丐、盗贼。"在我国古代也有很多关于环境决定论的思想,如"性相近、习相远""近朱者赤、近墨者黑""染于苍则苍、染于黄则黄""白沙于涅与之俱黑""蓬生于麻不扶自直",等等。环境决定论意识到个体所处的外部条件对其身心发展的作用,然而片面地强调和机械地看待环境或教育的作用,忽视了其他影响因素对个体的作用。

(三)二因素论发展观

克服了单因素论片面夸大一种影响因素的作用,认为先天遗传因素和后天环境都对儿童的发展有重要的影响,而且二者发挥的作用不尽相同,这两种因素的作用不能相互替代。代表人物是美国的吴伟士和德国的施太伦。二因素论在 20 世纪 30~40 年代以后逐渐为多数学者所接受,这是因为二因素论比片面强调一种因素的遗传决定论和环境决定论全面一些,比较符合儿童的发展实际。但二因素论并没有克服机械性,没看到儿童的实践活动和儿童本身在心理发展中的作用,没有看到儿童发展中各种因素的辩证关系,也不能科学地解决儿童心理发展问题。

(四)多因素相互作用论

从辩证唯物主义的角度出发,认为个体的发展是个体的内在因素与外部环境在个体活动中相互作用的结果,是先天的遗传因素、后天的环境及个体主观能动性相互作用的结果。

在上述关于个体身心发展影响因素的理论中,多因素相互作用论认为个体发展是先天的内在因素、后天的外部环境及个体自身主观能动性多种因素相互作用的,这是关于个体身心发展影响因素的科学认识。

三、个体身心发展各影响因素的作用

个体身心发展受到多种因素的影响,主要包括遗传素质、环境和个体主观能动性,这些影响因素在个体身心发展过程中的作用不尽相同。

（一）遗传在个体身心发展中的作用

遗传是指个体从祖辈继承下来的生理解剖上的特点，如机体的结构、形态、感官和神经系统等，这些生理学上的遗传，也叫遗传素质。

遗传素质是个体身心发展的物质基础和生理前提，为个体的身心发展提供了可能性。试想一个人如果生来无大脑，就不可能有思维，就算后天有再良好的环境也无法学到科学文化知识，更谈不上有所发明创造。遗传素质的差异对个体发展的差异有一定的影响作用，但是不能片面夸大遗传因素在个体身心发展过程中的作用，不然就会陷入遗传决定论的境地。

遗传素质在个体身心发展的不同阶段的影响力也是有差异的。苏联心理学家鲁利亚经研究发现，年龄越小受遗传素质的影响越大，至学龄中期，人的复杂的心理活动方式，遗传已几乎没有影响。

（二）环境在个体身心发展中的作用

环境泛指一切影响个体身心发展的外部条件的总和。若按环境的性质来分，环境可分为自然环境和社会环境，对人的发展起作用的主要是社会环境；若按环境的范围分，可分为大环境（指个体所处的总体自然环境与社会环境，如某一国家、某一地区）和小环境（与个体直接发生联系的自然环境和社会环境，如一个家庭、一所学校）。

环境为个体的发展提供了多种可能，包括发展机会、发展条件和发展对象等等，当然，环境对个体发展的影响有积极影响和消极影响的区分。个体在接受环境的影响和作用时，并不是消极的、被动的，人不仅能够适应环境而生活，而且能够选择、改造环境以求自身的发展，进而还能够有意识地选择、利用环境的条件与资源来为年轻一代获得更好的发展服务。尽管环境对人的发展具有重要的影响，但它并不能简单地决定个体的发展，因此，夸大环境对个体发展的作用，又会陷入环境决定论的境地。

（三）学校教育对个体身心发展的特殊功能

学校教育是有目的、有计划地对学习者身心发展施加特定影响的社会教育机构，学校教育的性质就决定了学校教育环境的特殊性。

1. 学校教育是一种特殊的环境

（1）学校教育具有明确的教育目的。学校教育要依据社会发展的要求以及学习者身心发展的规律,使学习者按照一定的方向发展,以达到国家规定的人才培养的质量规格和标准。学前教育阶段的社会教育机构要认真贯彻落实国家的教育方针,按照保育与教育相结合的原则,根据学前儿童身心发展特点及规律,实施德、智、体、美、劳等方面全面发展的教育,促进学前儿童身心和谐发展。这一阶段人才培养的规格和要求是学前教育阶段的总目标,这是幼儿园教育的导向,幼儿园教育的愿景就是实现学前教育阶段的总目标。

(2)学校教育的计划性、系统性、组织性较强。学校教育作为有目的、有计划地对学习者身心施加影响的实践活动,为了实现教育对象在特定阶段的教育目标,学校教育要将教育目标进行层层分解成年龄段目标、学期目标等,从而保证教育实践活动有条不紊地进行;同时,学校教育的教育内容要依据知识本身的逻辑顺序和学习者的年龄特点来选择、编排,并且呈现螺旋式上升的结构特点循序渐进地进行。学前教育阶段的教育就要贯彻《幼儿园工作规程》、《幼儿园教育指导纲要》(试行)、《3～6岁儿童学习与发展指南》等文件的精神,该阶段的教育内容是全面的、启蒙性的,相对划分为健康、语言、社会、科学、艺术等五个领域,各领域的内容相互渗透,从不同的角度促进学前儿童情感、态度、能力、知识、技能等方面的发展。[①]

(3)学校教育是由一支经过专门训练的教师队伍担负工作。教师是担任教学工作的专业人员,接受过系统的专门训练,明确了国家的教育方针及教育目的,树立了基本的职业理念与教师职业道德、掌握了相关的专业知识、具备了一定的专业能力,也只有这样的专业人员才能完成学校的教育目标及工作任务。

2. 学校教育在人的发展中的主导作用

所谓主导作用,是指能引导事物向某方面发展的主要作用。学校教育在人的发展中的主导作用,就是指学校教育对人的发展具有导向性的主要作用。随着社会的快速发展,学校教育在人的发展中的作用越来越重要。

---

① 中华人民共和国教育部.幼儿园教育指导纲要(试行)[M].北京:首都师范大学出版社,2001:1.

尽管学校教育对人的身心发展起"主导作用",然而,这种作用的发挥是有条件的,并非所有的教育都能发挥正向的促进作用。

目前纳入我国学制范畴的学前教育仅是幼儿园教育,它是对3周岁以上学龄前儿童实施保育和教育的机构,对学前儿童个体发展的意义在于:促进生长发育,提高身体素质;开发大脑潜力,促进智力发展;发展个性,促进人格的健康发展;培育美感,促进想象力、创造性的发展。可见,幼儿园教育担负着促进学前儿童全面发展的重任。

3. 辩证地看待学校教育在人的发展中的作用

学校教育在人的发展中的主导作用是毋庸置疑的,但要辩证地看待学校教育的作用。学校教育对人发展的作用不是万能的,不能盲目夸大学校教育的作用,避免陷入"教育万能论"的境地。个体身心发展是先天的遗传、后天的环境以及个体实践活动相互作用的结果,学校教育只是外部环境的一个因素,因此,必须客观理性地看待学校教育在人发展中的作用,不能将人的发展中出现的问题简单归因于学校教育。

(四)个体主观能动性在个体身心发展中的作用

个体主观能动性是个体在与其所处外部环境的相互作用中表现出来的个性倾向,它是促进个体发展从潜在的可能状态转向现实状态的决定性因素。

1. 主观能动性是人的发展的动力

个体在具备了身心发展必需的物质基础和生理前提的前提下,在同样的环境和学校教育条件下表现出来的发展特点、发展程度等存在较大差异,这种差异主要取决于个体自身的兴趣、态度,取决于个体在学习和工作中的坚持性、意志力等学习品质。所以,学习者个体的主观能动性是其身心发展的动力,也是决定个体发展水平的关键因素。

2. 主观能动性借助实践活动实现

个体的主观能动性是通过具体的实践活动表现出来的,主要借助个体在与其所处外部环境相互作用中的人际交往活动和物体操作活动来实现,离开个体的实践活动,先天的遗传与后天的环境和教育所赋予个体的一切发展可能性都不能成为现实。

第二节 儿童观的演变与构建

对学龄前儿童实施教育的首要前提是树立科学的儿童观。从古至今,在不同的历史时期,社会对儿童的认识和看法是动态发展的,经历了把儿童看作"工具"向"以儿童为本"的历史性转变。

一、儿童观的内涵

"有什么样的儿童观就有什么样的教育观。"[1]作为教育者,一定要正确认识儿童,对儿童形成正确的认识才能发出正确的教育教学行为。

根据《教育大辞典》对"儿童观"的解释,所谓儿童观,是指看待和对待儿童的观点的总和。它具体涉及儿童的特性、权力与地位,儿童期的意义以及教育和儿童发展之间的关系等问题。[2] 儿童观是人们对儿童总的看法和基本点,或者说是人们在哲学层面上对儿童的认识。[3] 具体来说,它包括儿童的天性观、儿童的特质与能力观、儿童发展观、儿童地位与权益观、儿童差异观、儿童活动观等主要内容。[4] 其中儿童的天性观是其最基本的内容。儿童观是人类自我意识中的重要内容,它的形成与发展遵循着"历史与逻辑的一致性",即人们对儿童的认识和人类主体的认识水平是一致的,并且不同的儿童观是不同的时代精神的产物,带着那个时代的痕迹。[5]

二、儿童观的演变历史

儿童是什么? 这是人类历史上长期不断追寻的命题。然而,即使在当

① 刘晓东.儿童教育新论[M].南京:江苏教育出版社,2008:2.
② 顾明远.教育大辞典[M].上海:上海教育出版社,1998.318.
③ 刘晓东.儿童教育新论[M].南京:江苏教育出版社,2008:1.
④ 姚伟.儿童观及其时代性转换[M].长春:东北师范大学出版社,2007:57.
⑤ 王海英.复杂思维视野下的儿童观[J].学前教育研究,2004(3):5.

下,不同的人对这个问题却有不同的理解。在我国,人们常常以成人的眼光或从自身需求的角度,而非从儿童本真生命状态的角度来认识儿童,于是,儿童成了"小大人""祖国的未来""民族的希望""父母的心愿",等等,这种对儿童的认识或多或少受到古代社会对儿童的认识。

1. 古代社会的儿童观

在人类历史发展过程中,不同历史时期,人类社会对儿童的认识是不断演进变化的。在古代,由于生产力水平极其低下,人们没有意识到儿童与成人的区别,儿童只是"缩小的大人"、是成人的预备,人们用成人的标准要求儿童,期待儿童像成人一样去行动、迅速生长。人们养育儿童的目的就是为了氏族的生存和延续,儿童是成人的附属品,没有所谓的人格与权利。

到了 5～15 世纪的欧洲封建社会,通常称为中世纪。在这一历史时期,教会是维护欧洲封建制度的精神支柱,教会认为人生来就是有罪的,自然而然认为儿童也是生而有罪的。在教会看来,儿童只有通过敬畏神灵的教育,才有可能减轻或者消除缘由的罪恶。因此,对儿童的教育就是鞭笞、责骂,对儿童来讲,这个时期是黑暗的中世纪。

在中国古代文化中,儿童对于中国古代家庭的意义就是延续家族的香火,诸如"光宗耀祖""养子防老"等传统思想,儿童的言行举止都有明确的要求,完全把儿童视为成人的附属品。

2. 近代社会的儿童观

16 世纪,文艺复兴之后,"以人为中心"的新观念使人们对儿童的认识有了"新的发现",人们开始意识到儿童作为独立的个体所具有的价值和意义,这个时期涌现出来一大批教育家。

最早在英国于 17 世纪出现了一种新的儿童观和儿童教育观:儿童生来就是没有原罪的纯真无瑕的存在;它抨击体罚,主张报酬、激励和竞争的教育。这种儿童观、教育观受到中、上流阶层的支持。[①] 这种儿童观体现在洛克(1632—1704)的《教育漫话》中,其中提出了"白板说"(Theory of Tabula

---

① 日本筑波大学教育学研究会.现代教育学基础[M].钟启泉译.上海:上海教育出版社,1986:25.

Rasa），在他看来儿童的心灵好比一块白板，上面没有任何记号、任何观念。后天的一切观念、一切标志及知识都是由于经验的作用在心灵上刻下的印迹。① "我只把他看成是一张白纸或一块蜡，是可以随心所欲地做成什么式样的。"②

对儿童观影响巨大的是 18 世纪法国启蒙思想家卢梭，他第一次把儿童作为一个独立的、与成人平等的人来看待，因此，卢梭被誉为"发现儿童"的第一人。他在批判由来已久的成人中心的儿童观基础上，旗帜鲜明地提出了儿童中心的儿童观，卢梭认为儿童既不是"原罪"的存在，也不是"白板"，更不是"小大人"，儿童是不同于成人的人，从而在根本上肯定了儿童本身的地位与价值。

卢梭还发现了儿童发展的潜能及生长的节律性，要求研究儿童的特点并予以正确的对待。按照自然教育的目的和原则，卢梭将儿童的发展分为四个阶段，每一阶段儿童都有其独特的特点，对不同的阶段应施以不同的教育。

3. 现代儿童观

现代儿童观主要不是一种时间上的概念，而是一种性质上的界定，它以尊重儿童的天性为核心。③ 现代儿童观实现了从"发现儿童"到"尊重儿童"的认识转变。自卢梭认为儿童是真正意义上的人、具有独立存在的价值，受到此种儿童观的影响，19 世纪教育领域中出现了"教育心理学化"运动，主要代表人物有裴斯泰洛齐，他们主张教育应以心理学规律作为依据，由此来科学地认识儿童。

进入 20 世纪，杜威、蒙台梭利等著名儿童教育家提倡以儿童为本位的现代儿童观，"儿童本位"的儿童观在实践中获得了进一步发展。意大利伟大教育家蒙台梭利继承了卢梭善良自由的天性观，但不同的是她主张创建新教育来发展儿童的善良天性，而且强调儿童教育的社会意义，呼吁"通过教

---

① 车文博.西方心理学史[M].杭州:浙江教育出版社,1998:94:.

② [英]约翰·洛克.教育漫话[M].傅任敢译.北京:教育科学出版社,2000:185.

③ 张娜,陈佑清.现代儿童观及其对学前教育课程设计的意义[J].全球教育展望,2013(3):91.

育的改造,促进世界和平"。蒙台梭利认为每个儿童存在着与生俱来的"内在生命力"或称之为"内在潜力",这种生命力是一种积极的、活动的、发展着的存在,具有无穷无尽的力量,她认为教育的目的在于发现儿童的"生命的法则",帮助儿童发展生命。①

杜威重视儿童的中心地位,赋予"未成熟状态"以积极意义。杜威承认儿童是未成熟的、发展中的人,但他指出"未成熟状态"不是儿童的弱点,而是预示着儿童具有发展的潜在能力和巨大的可塑性,它是儿童生长的首要条件。此外,他强调儿童期生活的价值。杜威指出"生活就是发展,而不断发展,不断生长,就是生活。""所以一个人在一个阶段的生活和在另一个阶段的生活,是同样真实、同样积极的,这两个阶段的生活,内容同样丰富,地位同样重要。"②

20世纪中后期,特别是第二次世界大战以后,随着人权运动的高涨和许多关心儿童人士的不懈努力,国际社会开始普遍重视保护儿童的权益。学术形态上的儿童观逐渐以国家法律、法规的形式确定下来,1959年11月20日,联合国大会通过了《儿童权利宣言》,宣称儿童和成人一样,应该得到人的尊严和尊重,享有生存、学习和生活的权利;1989年,第44届联合国大会通过的《儿童权利公约》确认每个儿童都拥有基本人权,各国政府和社会都必须保护儿童的权利,以最大限度确保儿童的存活和发展,确立了"儿童优先"的原则,是一种"儿童本位"的权利宣言。

三、现代儿童观的构建

在现代社会,随着对儿童的特质和能力认识的不断深入,人们的儿童观越来越趋于科学化,现代儿童观可以概括为以下几个方面。

1. 儿童是人

作为自然界的生物个体,儿童也具有独立性,他有自身生理发展、个人

---

① [意大利]蒙台梭利.蒙台梭利幼儿教育科学方法[M].任代文译.北京:人民教育出版社,2002:12.

② 赵祥麟.杜威教育论著选[M].上海:华东师范大学出版社,1981:156.

成长的规律；儿童有它独特的价值，是任何其他发展阶段所不能取代的。因此，儿童与成人一样是独立的个体，因此，成人要承认儿童的主体地位，尊重儿童的人格和尊严。此外，儿童又不同于成人，是具有与成人一样的人的一切基本权益，儿童生来就享有生命权、生存权、发展权，从事与年龄相适宜的游戏和娱乐的权利等，成人不能剥夺或侵犯儿童的这些权利。

2. 儿童是一个全方位不断发展的整体的人

儿童的身体、心理、精神世界都处在发展之中，为了满足儿童各方面发展的现实需要，培养"完整儿童"，成人应该尊重并满足儿童身体、认知、情感、社会性、个性等方面的全面发展。正因为儿童处在生理、心理、社会性各方面的发展之中，所以不能把他们看作是成人，也不能看作是"小大人"，不能把成人的价值观念、认知方式、行为规范、审美标准等强加在儿童身上。也因为儿童处在发展之中，所以不能用静止的眼光、观点看待儿童，不能认为儿童永远是幼稚、无知无能的，要以变化的、动态的发展性原则认识儿童。

3. 每个儿童发展都有其个性特点

由于先天的遗传、后天所处的环境、接受的学校教育及儿童自身等综合因素的影响，儿童的发展是有个体差异性的，比如生理上的差异、认知水平的差异、能力的差异、兴趣爱好的差异等等，不同儿童的身心发展表现出不同的特点。成人应尊重儿童发展的个体差异性，不能用"统一的标准""同一把尺子"衡量和要求所有的儿童，也不能用"一刀切"实施教育，更不能用"别人家的孩子"对儿童进行横向比较及评价。

4. 儿童具有巨大的发展潜能

儿童作为正在成长发展中的个体，支配其行为的是他们丰富的精神世界，成人应尊重儿童的精神世界。成人要创设宽松、自由、和谐、充满爱的精神环境和丰富、有层次性的物质环境，解放儿童的大脑、双手、眼睛、空间、时间等，引导儿童大胆地把自己对外部事物的看法、想法说出来、做出来，最大限度地发展儿童的积极性、主动性、创造性，正所谓"你给孩子一个机会，孩子换给你一个奇迹"。

5. 儿童具有主观能动性

儿童的发展是在与外部周围环境的相互作用中实现的，而这种相互作用要通过儿童的活动来实现。活动是儿童的本能,也是儿童成长的机制,它需要外界环境的刺激和激发。如果没有儿童自身的活动,他就不能与外部环境发生相互作用,也就不能获得自身的发展与成长。儿童的活动应是儿童自愿、自发的,来自儿童的本能冲动,而不是成人强制的。① 成人的教育作用是要充分激发、调动儿童主动活动的欲望和兴趣,避免高度控制儿童的活动,这样儿童在活动中就比较被动,儿童的发展与成长会受到限制,甚至会对其终身发展产生负面影响。

6.关注儿童的当下生活

儿童是一个现实存在的人,是这个世界中生长着的人,而不只是未来的成人。儿童成长的目的是从其现实存在和现实生活中获得、体验生活和存在的意义,而不只是为了未来的生活做准备。况且,只有儿童在其中的"生活世界"才能成为对儿童的生活和存在有意义的世界。否则,就是胡塞尔所批判的那种导致科学危机和人的存在危机的"死的世界"。② 从这个意义上来说,只有儿童当下的生活才是儿童参与其中的世界,对于儿童的生存和成长才具有切实的意义和价值。当然,关注儿童的当下生活并不意味着忽视儿童的可能生活,儿童的可能生活是现实世界所允许的生活;是儿童自主探寻和建构的生活;是儿童在当下生活的基础上所努力追求的生活;是更具人生意义和价值的生活。③

---

①　张娜,陈佑清.现代儿童观及其对学前教育课程设计的意义[J].全球教育展望,2013(3):94-95.

②　郭元祥.课程观的转向[J].课程·教材·教法,2001(6):15.

③　张娜,陈佑清.现代儿童观及其对学前教育课程设计的意义[J].全球教育展望,2013(3):95.

第四章　学前儿童全面发展教育

为谁培养人、培养什么样的人是教育必须回答的本质问题,任何一个国家和社会要明确人才培养的质量规格和标准,这就是关于教育目的的规定。在学前教育、初等教育、中等教育及高等教育的不同学段,因为教育对象的年龄段特点的差异,又要将教育目的在不同学段具体化。学前教育作为基础教育的重要组成部分,我国明确规定了学前教育阶段的培养质量和规格,就是促进学前儿童体、智、德、美、劳的全面发展以及身心的和谐发展。

学前儿童全面发展教育是指以促进学前儿童在体、智、德、美、劳诸方面和谐发展为根本宗旨,并以适合学前儿童身心发展特点的教学方法、教学手段实施的教育。对学前儿童实施全面发展教育是我国学前教育的最终归宿,也是我国学前教育法规所规定的学前教育阶段的重要任务。

第一节　全面发展教育概述

全面发展是我国教育目的的核心内涵,教育者要正确理解全面发展,它既不是体、智、德、美、劳齐头并进地均速发展,也不是五育各自孤立地发展。

一、学前儿童全面发展教育的内涵

全面发展是学前儿童个体在体、智、德、美、劳诸方面整体的、和谐的发展,侧重任何一个方面或者弱化甚至忽视任何一个方面的发展都不是全面发展。另外,也不能片面地理解为学前儿童全面发展就是其在体、智、德、美、劳诸方面齐头并进地、均速地发展,更不能片面理解为学前儿童个体在德、智、体、美、劳各个方面孤立地发展。因此,学前儿童全面发展教育应注重学前儿童各方面发展的和谐与协调。

二、学前儿童全面发展教育的理论依据

学前儿童全面发展教育提出的理论依据是马克思主义关于"人的全面发展"学说及以其为基础的全面发展教育学说。对马克思关于人的全面发展学说必须进行整体的认识与把握。其一,人的发展不仅应当是全面的,而且应当是自由的,马克思称之为"每个人的自由而全面的发展",是人的"自由个性"的全面发展。其二,人的全面发展不只是指个体素质的孤立的自由全面发展,而且也是指全社会人的整体素质的全面发展和提高,二者相互制约、相互影响。其三,人的全部才能的"自由发展",即每一个个体能够完全按照自己的意愿自由地发展自己想要发展的素质和能力,这是马克思对未来社会人的全面发展的理想模式。①

实现人的全面发展需要一定的历史条件。其一,人的发展与社会经济发展和社会制度变迁相互依存,生产力的发展是实现人的全面发展的物质基础。正如马克思、恩格斯所提出的:"当人们还不能使自己的吃喝住穿在质和量方面得到充分供应的时候,人们就根本不能得到解放。"②其二,每个人的全面发展与一切人的全面发展的相互依存。因为每个人的全面发展与一切人的全面发展以及这两者与社会的政治、经济的发展互为条件。离开了一定的社会历史条件,每个人的全面发展和一切人的全面发展都无从谈起。其三,生产劳动是实现人的全面发展的基本途径。"生产劳动给每一个人提供全面发展和表现自己全部的即体力的和脑力的能力的机会,这样,生产劳动就不再是奴役人的手段,而成为解放人的手段,因此,生产劳动就从

---

① 吴德刚.关于马克思主义人的全面发展学说的再认识[J].教育研究,2008(4):3-8.

② 马克思,恩格斯.马克思恩格斯全集(第42卷)[M].北京:人民出版社,1979:368.

一种管理变成一种快乐。"①

第二节 学前儿童体育

学前阶段是儿童身体发育和机能发展极为迅速的时期,也是形成安全感和乐观态度的重要阶段。学前教育阶段把体育置于学前儿童全面发展的首要位置,是由学前儿童生理发展的特殊性决定的。

一、学前儿童体育的内涵

体育的内涵有广义和狭义之分。广义的体育泛指人类社会的各种体育活动,而狭义的体育专门指在教育机构中有目的、有计划、有组织地进行的、旨在促进学习者身体正常生长发育的教育活动。

学前儿童体育的界定从狭义角度来讲,是指幼儿园有目的、有计划、有组织地以增强学前儿童体质、提高学前儿童健康水平为目的一系列教育活动。学前儿童体育是学前儿童全面发展教育中重要的组成部分,并且处于学前儿童全面发展教育的首要地位。

二、学前儿童体育的意义

体育强则中国强,国运兴则体育兴。习近平总书记强调,体育承载着国家强盛、民族振兴的梦想。2020 年,中共中央办公厅、国务院办公厅印发的《关于全面加强和改进新时代学校体育工作的意见》提出:"学校体育是实现立德树人根本任务、提升学生综合素质的基础性工程,是加快推进教育现代化、建设教育强国和体育强国的重要工作,对于弘扬社会主义核心价值观,培养学生爱国主义、集体主义、社会主义精神和奋发向上、顽强拼搏的意志

---

① 马克思,恩格斯.马克思恩格斯选集(第三卷)[M].北京:人民出版社,1995:644.

品质,实现以体育智、以体育心具有独特功能。"由此可见,学校体育对于社会和个体来讲都具有重大意义。

学前儿童体育的实施同样对于社会发展和学前儿童个体都具有重大意义。对一个社会而言,作为体育起始阶段的学前儿童体育关系到国家的未来与民族的兴旺发达。学前儿童的身体状况对其一生的健康都有重大影响,因此,学前儿童的健康水平一定程度上影响着一个国家和民族未来接班人的健康水平。

对学前儿童个体来讲,生命的健康存在是学前儿童全面发展的基础和前提。对学前儿童实施体育是促进其身体正常生长发育的重要保证,0~6周岁的学前儿童的身体各器官、组织系统正在发育之中,尚未发育成熟。因为此阶段身体生长发育迅速、新陈代谢旺盛,学前儿童对营养、睡眠、新鲜空气等的需要较多,有目的、有计划、有组织地实施体育,能促进学前儿童身体机能的健康成长。另外,学前儿童健康的身体与其健全的心理是密切联系的,科学、合理的生活制度能保证学前儿童保持愉快轻松的情绪状态,丰富多彩的体育活动能促使学前儿童乐观地克服困难、充分体验成功,从而发展学前儿童的主动性,形成坚强勇敢、开朗自信等良好的个性品质。

三、学前儿童体育的目标

《关于全面加强和改进新时代学校体育工作的意见》提出"以服务学生全面发展、增强综合素质为目标,坚持健康第一的教育理念,推动青少年文化学习和体育锻炼协调发展,帮助学生在体育锻炼中享受乐趣、增强体质、健全人格、锤炼意志……"。由此可见,增强学前儿童体质、保证学前儿童健康是幼儿园体育的根本宗旨。

(1)0~3岁学前儿童的体育目标。发展其基本动作,进行适当的体格锻炼,增强其抵抗力,提高健康水平,促进身心健康发展。

(2)3~6岁学前儿童的体育目标。《幼儿园工作规程》总则第五条明确指出"促进幼儿身体正常发育和机能的协调发展,增强体质,促进心理健康,培养良好的生活习惯、卫生习惯和参加体育活动的兴趣。"

《幼儿园教育指导纲要》指出,"幼儿园必须把保护幼儿的生命和促进幼儿的健康放在工作的首位"。由于学前儿童身体各器官、系统正在生长发育,机体机能比较柔弱,对外部环境的适应能力及其抵抗疾病的能力较弱,因而,学前儿童体育的根本宗旨是增强其体质、增进其身体健康水平。学前儿童正处于情绪情感发展的关键时期,学前儿童体育教育应在日常生活中注重培养学前儿童积极向上的稳定情绪,学会正确排解消极情绪的方式方法,促进其心理健康发展。对于学前儿童来讲,养成良好的生活作息、进餐、睡眠等生活习惯及卫生习惯,有利于独立自理能力及身体健康发展,对学前儿童做好入学准备及终身发展均会受益。

四、学前儿童体育的内容

1.促进学前儿童健康成长

学前儿童体育教育首要的是保障学前儿童最基本的生理发展需要,包括提供合理的膳食、充足的睡眠、适量的体育锻炼等生理健康成长的内容。还要重视学前儿童的心理健康,引导学前儿童形成积极向上的情绪,学会宣泄消极情绪的方式方法。

2.发展学前儿童的基本动作

学前儿童基本动作包括小肌肉动作、大肌肉动作及手指精细动作,主要有走、跑、跳、平衡、投掷、钻爬、攀登、涂画、剪贴、抓捏等。学前儿童基本动作的发展旨在促进其动作灵敏、协调,并增强学前儿童体质、增进学前儿童身体健康水平。

3.形成良好的生活、卫生习惯

良好的生活习惯受益一生,学前儿童的生活习惯包括养成良好的进餐习惯、睡眠习惯以及与个人生活有关的行为习惯;卫生习惯包括进餐前洗手、进餐后漱口,不用脏手揉眼睛、抠鼻孔等。

4.增强学前儿童的自我保护意识

学前儿童对外部周围世界充满好奇、探究欲望强烈,但囿于认知经验的局限性,学前儿童对日常生活中的危险缺乏正确评估,表现出自我保护能力差的特点。学前儿童体育教育应囊括安全教育,将日常家庭生活、幼儿园生活及社会生活中常见的安全知识、安全防范渗透到幼儿园全教育过程中。

五、学前儿童体育的要求

1.学前儿童体育的核心是身体素质的提高

学前儿童体育的核心目标是提高学前儿童的身体素质,而身体素质好坏的主要衡量指标就是体质的强弱,影响学前儿童体质强弱的影响因素有很多,包括先天的遗传因素及其后天环境中的营养、睡眠、体育活动等,可见,增强学前儿童体质最积极、最有效的因素之一便是科学的体育活动。因此,学前儿童体育为孩子们创造宽敞、丰富的物质环境,从而为学前儿童有一个强壮、健康的身体创造必备条件。

2.重视培养学前儿童对体育活动的兴趣和态度

学前儿童体育活动实施效果的关键在于学前儿童在体育活动过程中的兴趣态度、情感投入,因此,实施体育必须重视培养学前儿童的兴趣和积极态度。学前儿童的天性是活泼好动的,单调枯燥的活动容易引起学前儿童的排斥与反感,学前儿童体育教育要从兴趣入手,提供宽敞的户外活动场地及丰富、层次性强的运动器械,开展丰富多彩的体育游戏和其他体育活动,从而调动学前儿童参与体育活动的主动性、积极性。

3.专门的体育活动和日常活动相结合

为了有效地实现学前儿童体育目标,学前儿童体育教育需要开展诸如体育游戏、早操等专门的体育活动,此类体育活动是增强学前儿童体质的有效途径。但是,专门的体育活动并非唯一的实现学前儿童体育目标的途径,学前儿童体育目标的实现还应渗透在学前儿童的日常生活活动中,比如良好的生活、卫生习惯的养成,需要渗透在日常生活活动中。

4.渗透中华传统体育项目

根据学前教育的自身特点,在环境创设、体育活动中有机渗透武术、棋类、射艺、龙舟、毽球、五禽操、舞龙舞狮等中华传统体育项目,因地制宜开展传统体育游戏活动,让中华传统体育在幼儿园绽放光彩。

总之,学前儿童体育的主要目的在于通过体育活动提高学前儿童参加体育活动的兴趣、增强学前儿童的身体素质,从而促进其身心健康成长。因此,学前儿童体育应避免进行技能技巧的强化训练,更不能为比赛、表演的社会功利性目的而伤害学前儿童身体健康发展。

第三节　学前儿童智育

智育作为学前儿童全面发展的重要组成部分,历来受到教育者的青睐。然而,社会上依然存在对于智育的片面理解,诸如智育就是智力开发、智育就是获取显性的知识技能,等等。

一、学前儿童智育的内涵

智育是指有目的、有计划地使学习者掌握系统的科学基础知识和基本技能,促进学习者智力发展的教育过程。[①]

学前儿童智育是根据学前儿童认识活动特点和认识发展的规律,有目的、有计划地组织学前儿童进行探索活动,让学前儿童获得粗浅的知识和技能,发展智力,增进对周围事物的求知兴趣、学习"如何学习",并养成良好学习习惯的教育过程。[②]

知识、技能与智力是不同的概念,但它们又是紧密联系、相互依赖、彼此促进的。一方面,知识、技能是智力发展的基础,知识、技能经验丰富的个体容易产生联想和想象,从而促进个体观察能力、比较能力、想象力等认知能力的发展。另一方面,智力发展水平是个体获得知识、技能的必备条件,智力发展水平的高低影响着个体对知识、技能的掌握速度和程度。智力又是在掌握和运用知识、技能的过程中得到发展。

---

① 　李季湄.幼儿教育学基础[J].北京:北京师范大学出版社,2013:65.

二、学前儿童智育的意义

1.学前儿童智育对学前儿童个体的意义深远

现代生理学、心理学研究表明,学前期是大脑发展最快的时期,从大脑的生理机能来看,学前儿童2~3岁时,大脑的各种反射技能已经得到发展;6~7岁时,大脑半球的神经传导通路几乎都已经髓鞘化。这为学前儿童的发展提供了生理基础和物质前提。因此,学前儿童智育能满足学前儿童的认识需要,使大脑神经系统对信息的感受、加工、储存等机能逐渐发达与完善,大大加速先天的认知潜能转化为现实能力,促进学前儿童智能的发展。智育在开发学前儿童智力的同时,培养了良好的智力品质,激发了对知识探索的兴趣和欲望,启迪学前儿童的智慧,帮助他们学会学习、学会认知,为今后不断主动获取新知识、创造新知识打好基础。

2.学前儿童智育是全面发展教育的重要组成部分

学前儿童智育引导学前儿童获得对周围外部世界的初浅知识,懂得日常生活中的行为准则与人际交往技巧,帮助学前儿童养成良好的文明生活习惯,具有初步的对外部世界的感受美、欣赏美、表现美的审美常识,等等。学前儿童智育可以促进体育、德育、美育、劳育目标的实现,在学前儿童全面发展教育中具有不可忽视的基础作用和促进作用。

三、学前儿童智育的目标

《幼儿园工作规程》总则第五条指出:3~6岁学前儿童智育的目标是"发展幼儿智力,培养正确运用感官和运用语言交往的基本能力,增进对环境的认识,培养有益的兴趣和求知欲望,培养初步的动手探究能力。"

四、学前儿童智育的内容

1.发展学前儿童的智力

学前儿童智育要促进学前儿童认识能力的发展,比如感知觉、观察能力、语言能力、思维能力、想象能力和创造能力等,还要培养学前儿童良好的智力品质,比如思维活动的速度、灵活性,观察事物的准确性、敏锐性等,帮助学前儿童尝试使用智力活动的方法和技能,比如观察事物或现象的方法、分析问题与解决问题的方法、操作物体的方法和技能等。①

2. 引导学前儿童获取粗浅的知识经验

学前儿童的知识包括与他们生活密切相关的生活常识、社会常识、自然常识以及他们能够理解的科学技术知识,与国家政治生活有关的初步知识,比如国家名称、国旗、国徽、国家领袖等。①

3. 培养学前儿童有益的兴趣和求知欲以及良好的学习习惯

儿童主动探索的兴趣、创造的兴趣等都属于有益的兴趣。求知欲在学前儿童身上首先表现为强烈的好奇心,需要注意的是,儿童有益兴趣和求知欲的发展并不是一个自发的过程,应当有目的、有计划地培养。学习习惯是学前儿童获取知识、发展智力以及今后继续学习的重要条件,包括专注力、克服困难的意志力、坚持性、抗干扰能力等。

五、实施学前儿童智育的注意事项

1. 注重学习品质的培养

学前儿童在活动过程中表现出的积极态度和良好行为倾向是终身学习与发展所必需的宝贵品质。学前儿童智育要充分尊重和保护学前儿童的好奇心和学习兴趣,帮助其逐步养成积极主动、认真专注、不怕困难、敢于探究和尝试、乐于想象和创造等良好学习品质。忽视学习品质培养,单纯追求知识技能学习的做法是短视而有害的。②

2. 注重直接感受和体验

通过直接感受和体验来认识周围生活中自然和社会的事物和现象,获

---

① 李季湄.幼儿教育学基础[J].北京:北京师范大学出版社,2013:66.
② 中华人民共和国教育部.3~6岁儿童学习与发展指南[M].北京:首都师范大学出版社,2012:2.

得直接经验和初步的概念。学前儿童的思维特点是具体形象思维为主,是以获取直接经验为主的,直接经验就是通过学前儿童亲身实践得到的经验,如通过接触知道石头是坚硬的、棉花是柔软的,通过观察知道水是无色、透明的。所以当认识四季的特点及变化时,可以直接带领孩子们到户外、郊外亲身体验,通过摸一摸、看一看、闻一闻的直接感知来获取经验。

3. 鼓励儿童主动学习

现代建构主义理论主张个体主动地自我建构,反对机械地外部灌输。对于来自外部环境的影响,学前儿童总是根据自己的兴趣、需要和已有经验去选择、辨别、解释和理解,这是一个发生在学习者内部的心理活动过程。在教育过程中,要多提供机会、条件引导学前儿童去发现、去探索。

4. 以游戏的方式组织教育教学

通过游戏的方式教学,让儿童在游戏中学习与成长。游戏是学前儿童的基本活动,在教育中既要给学前儿童充分的自由游戏的时间,又要以游戏的方式组织教育教学活动,让儿童在游戏中学习与成长。比如在吹泡泡的操作活动中,鼓励儿童探索配置泡泡水的比例不同于泡泡的大小、多少的关系,泡泡与吹泡泡工具之间的关系等问题。

5. 促进儿童思维的发展

儿童的思维能力是在多样化的实践活动中得以发展的,教师要创造条件,尽可能提供多种多样的玩具和材料,供儿童接触、观察、摆弄。与此同时,提供的材料和玩具还应满足不同发展水平的儿童,比如中班幼儿联系使用筷子夹物品,提供筷子的粗细、长短要有差异,夹的物品在大小、形状、材质等方面要由易到难体现层次。

6. 积极回应学前儿童的好奇好问

学前儿童的已有经验相对贫乏,外部周围世界对于他们来讲是神秘的、是值得探个究竟的,会表现强烈的好奇心,也会引发出很多千奇百怪的问题。学前儿童智育的实施应满足学前儿童的好奇心、好问心,对于学前儿童的问题耐心倾听并给予积极的支持,从而保护学前儿童的好奇心与探究欲望。

总之,学前儿童智育要注重智力开发、知识技能的获取,更要关注对孩子终身发展影响深远的学习品质的培养。

第四节　学前儿童德育

2018年9月在北京召开的全国教育大会明确教育的根本任务是立德树人,学前教育是实施道德教育的起始阶段,一个个体的社会性发展及个性品质的培养都要从娃娃抓起。

一、学前儿童德育的内涵

在我们的生活周围经常会有这样的现象,当学前儿童有不好的行为习惯时,比如随地扔垃圾、对别人有攻击性行为,不少家长总会谅解地说:"树大自然直嘛!""大了,就会好的。"对家长的这种看法,显然是不能认同的,孩子良好行为品质的培养一定要从娃娃抓起。

德育是学前儿童全面发展的重要组成部分,德育就是道德教育。道德是一种社会意识,是在一定社会条件下形成和发展起来的人们共同生活的行为准则的总和,是评价人们行为的标准。这种社会道德现象在个体身上的表现,即为思想品德,它是按照社会的道德准则所表现的某些稳固的特点和倾向。

学前儿童德育是道德教育的起始阶段,是根据学前儿童身心发展的特点和实际情况,对其实施的品德教育。也即指根据学前儿童身心发展特点和实际情况,按照社会的要求,有目的、有计划地对学前儿童施加教育影响,发展学前儿童社会性,培养其道德品质的教育活动。①

二、学前儿童德育的意义

1. 影响学前儿童的终身发展

"少若成天性,习惯如自然",学前儿童时期是遵守社会行为规则、学习

---

① 黄人颂.学前教育学(第三版)[M].北京:人民教育出版社,2020:128.

与他人交往、培养个性品质形成雏形的重要时期。如果在学前儿童时期能够逐步建立正确的是非观,养成良好的个性品质,对于个体以后的发展有积极的意义。学前儿童心理学研究表明:儿童具有良好的意志品质,能提高探究、学习的积极性,使感知、观察、注意、想象、思维、记忆等处于活跃状态,并能承受一些困难与挫折。同时,勤奋开朗的个性,能调动自身的主观能动性,积极参加活动,乐于与成人及同伴交往,促进幼儿各方面的发展。[①] 相反,若从小就形成恃强凌弱、自私冷漠等品质,长大后也很难成为一个乐观善良的人。如若这一时期不重视学前儿童的德育,对这些恶劣品质任其发展,会贻误终身。马卡连柯说过:"如果在儿童的早年,不能合理地教育儿童,使儿童养成不良的意识和行为习惯,那将给以后的教育带来几倍、几十倍的困难。"[②]

2. 利于提高国民道德素质

随着社会经济水平的提高,学前教育逐渐呈现出大众化的发展趋势。学前儿童的品德行为表现不仅代表着该群体的德育发展现状,也折射出整个国民社会的思想道德发展水平。同时,学前儿童作为国家未来的接班人,对于提高整个中华民族的思想道德素质和科学文化素质都具有深远意义。因此,德育从娃娃抓起具有重要意义。

3. 有助于继承和发扬中华优秀传统文化

传统美德是中华传统文化的根,也是其有别于其他民族的魂。我国自古就十分重视儿童的德育,无论是学校还是家庭,儿童的品德教育都占据着十分重要的位置。传统的蒙学读物《三字经》开篇第一句话"人之初,性本善",强调的就是做人本性要善良。《颜氏家训》《弟子规》《千字文》等,都强调儿童良好德性修养的培育。[③] 德育的重要性不言而喻。因此,加强学前儿童德育,提高学前儿童品德素养,是弘扬中华优秀传统文化不可缺失的重要组成部分。

---

① 于佳.对幼儿德育的思考[D].武汉:华中师范大学,2011:13-17.
② 马卡连柯.马卡连柯全集(第四卷)[M].北京:人民教育出版社,1957:392.
③ 商文媛.当代我国幼儿德育现状及对策研究[D].秦皇岛:燕山大学,2017:8-9.

三、学前儿童德育的目标

《幼儿园工作规程》指出学前儿童德育的主要目标有"萌发幼儿爱祖国、爱家乡、爱集体、爱劳动、爱科学的情感,培养诚实、自信、友爱、勇敢、勤学、好问、爱护公物、克服困难、讲礼貌、守纪律等良好的品德行为和习惯,以及活泼、开朗的性格。"

四、学前儿童德育的内容

学前儿童德育内容主要包括发展学前儿童的社会性与发展个性两个方面,具体包括以下几个方面:

1. 爱的情感的培育

每一个中国人都理应爱国,这是中华儿女对祖国母亲的深厚情感。学前儿童爱的情感遵循由近及远的发展规律,包括以下三个层次的内容:首先萌发学前儿童爱家庭、爱父母的情感;其次萌发学前儿童爱集体、爱老师、爱同伴的情感;最后萌发学前儿童爱祖国、爱家乡的情感。

2. 社会行为规范与人际交往能力

每个人都是生活在现实社会中的人,都不可能独立于社会而存在,学前儿童群体作为整个人类的一部分,同样需要社会化。学前儿童要更好适应社会生活,就应尽早发展他们的人际交往能力,学习正确地处理自己与外界的关系。

3. 良好个性品质的教育

学前儿童时期是良好个性品质和健全人格的起始阶段。苏联伟大的教育家马卡连柯指出:"儿童将成为怎样的一个人,主要地决定于你们在他5岁以前把他造就成一种什么样子。"①因此,在学前儿童时期就要教育其养成自信心、主动性、独立性强的个体,具有诚实、勇敢、意志坚强、克服困难的宝贵品质。

① 马卡连柯.马卡连柯全集(第四卷)[M].北京:人民教育出版社,1957:492.

五、实施学前儿童德育的注意事项

1. 热爱、尊重和严格要求相结合

学前儿童德育的实施者应该满腔热情地关怀、信任幼儿，尊重学前儿童独立的人格尊严，尊重他们对外部事物的想法、看法，尊重学前儿童的身心发展规律及保教规律。并且对学前儿童提出合理而严格的要求，即重视和满足学前儿童受保护、受照顾的需要，又要尊重和满足他们不断增长的独立要求，①引导其提高自我保护能力、自我管理能力。

2. 坚持正面教育、以身示范

学前儿童德育实施要坚持正面教育，即通过树立榜样、说服诱导，积极引导学前儿童辨别是非，掌握正确的道德行为准则，引导他们能以积极因素去克服消极因素，形成良好的品德。学前儿童的社会性发展及个性品质主要是在日常生活和游戏中通过观察和模仿潜移默化地发展起来的，②成人应注重自己言行的榜样作用，成为孩子们良好品德行为的示范者、引领者。

3. 注重渗透在日常活动中

学前儿童德育教育具有潜移默化的特点，学前儿童社会态度和社会情感的培养应渗透在多种活动和一日生活的各个环节之中，③以他们的实际活动为基点，通过创设各种情景，提供人际间相互交往和共同活动的机会和条件，引导学前儿童与成人、同伴之间的共同生活、交往、探索、游戏过程中形成良好的品德。在实施学前儿童德育时，专门的德育活动是实施学前儿童德育的有效手段，但是对孩子们的品德教育更要渗透在孩子们的日常生活中，这是实施学前儿童德育最基本的途径，这就需要家庭教育也要重视日常

①　中华人民共和国教育部.幼儿园教育指导纲要(试行)[M].北京:首都师范大学出版社,2001:2.
②　中华人民共和国教育部.3~6岁儿童学习与发展指南[M].北京:首都师范大学出版社,2012:22.
③　中华人民共和国教育部.幼儿园教育指导纲要[M].北京:首都师范大学出版社,2001:4.

生活中孩子良好品德的养成。

4.关注个体差异性、因材施教

学前儿童的发展是一个持续、渐进的过程,同时也表现出一定的阶段性特征。每个学前儿童在沿着相似进程发展的过程中,各自的发展速度和到达某一水平的时间不完全相同①。要充分理解和尊重他们在发展进程中的个别差异,支持和引导他们从原有水平向更高水平发展。因此,学前儿童德育实施要根据孩子们的年龄特征、个别特征和当前品德的实际状况提出教育要求、确定教育内容、选择教育方法。

5.德育的一致性与连续性

一致性即指教育影响的各方面因素和力量的互相配合,家庭、幼儿园、社会各方的教育要求要一致,各方主体应共同努力,为学前儿童创设温暖、关爱、平等的家庭和集体生活氛围,建立良好的亲子关系、师生关系和同伴关系,让他们在积极健康的人际关系中获得安全感和信任感,发展自信和自尊,在良好的社会环境及文化的熏陶中学会遵守规则,形成基本的认同感和归属感。②

学前儿童的社会学习是一个漫长的积累过程,连续性就是指品德教育要按照一定目标有计划、有系统的进行,要持之以恒地贯彻施行。这就需要幼儿园、家庭和社会密切合作,协调一致,共同促进学前儿童良好社会性品质的形成。

总之,在新时代学校教育落实立德树人根本任务的大背景下,学前教育实践中要矫正重智育轻德育的现象,要将学前儿童德育作为一项持之以恒地工作进行。

---

① 中华人民共和国教育部.3~6岁儿童学习与发展指南[M].北京:首都师范大学出版社,2012:2.

② 中华人民共和国教育部.3~6岁儿童学习与发展指南[M].北京:首都师范大学出版社,2012:22.

第五节　学前儿童美育

美在生活中无处不在,每个学前儿童心里都有一颗美的种子。学前儿童美育的关键在于充分创造条件和机会,在大自然和社会文化生活中萌发学前儿童对美的感受和体验,引导其学会用心灵去感受和发现美,用自己的方式去表现和创造美。

一、学前儿童美育的内涵

美育是学前儿童全面发展的重要组成部分,美育即审美教育。美育在于培养年轻一代对自然环境、社会环境、日常生活和艺术作品中美的感受,培养他们爱美、审美的情趣,表现和创造美的能力。

学前儿童美育就是根据学前儿童身心特点,利用美的事物,通过组织审美活动来培育学前儿童感受美、欣赏美、表现美、创造美的情趣和能力的教育活动。①

二、学前儿童美育的意义

2020年10月,中共中央办公厅、国务院办公厅印发《关于全面加强和改进新时代学校美育工作的意见》(以下简称《意见》),并指出"美是纯洁道德、丰富精神的重要源泉。美育是审美教育、情操教育、心灵教育,也是丰富想象力和培养创新意识的教育,能提升审美素养、陶冶情操、温润心灵、激发创新创造活力。"可见,美育对于个体发展有深远意义。

学前儿童美育对学前儿童个体来讲,通过艺术形象的魅力,潜移默化地感染和熏陶心灵,使其在感受美的同时,发展积极向上的精神和活泼开朗的

① 李季湄.幼儿教育学基础[M].北京:北京师范大学出版社,2013:76-77.

性格,产生美好的情感和情绪体验;美育还可以帮助学前儿童开阔视野、增长知识、发展智力,周围美的事物会激发探究欲望,促进感知觉、形象思维、想象力、创造力的活跃与发展;通过艺术活动,帮助学前儿童借助形象化的方式认识世界,弥补了用语言和逻辑推理方式进行学习的不足之处,有利于大脑左右半球的均衡发展。

学前儿童美育对社会发展来讲,是社会精神文明建设的重要组成部分。人的高尚的道德情操和道德行为与对美的追求常常是统一在一起的,对学前儿童实施美育,可以促进健全人格的形成,为提高全民族的素质打下良好的基础。

三、学前儿童美育的目标

《意见》指出"以提高学生审美和人文素养为目标,弘扬中华美育精神,以美育人、以美化人、以美培元……""学前教育阶段培养幼儿拥有美好、善良心灵和懂得珍惜美好事物。"

《幼儿园工作规程》指出学前儿童美育的目标是"培养幼儿初步感受美和表现美的情趣和能力。"感受美是审美的基础,学前期是感知发展的关键时期,培养学前儿童对美的感受与学前儿童的发展规律是一致的。萌发学前儿童感受美、表现美的情趣主要是培养他们对美的事物的兴趣和爱好,在此基础上,培养他们相应的表现能力,特别是想象力、创造力。

四、学前儿童美育的内容

学前儿童美育要通过各种艺术以及自然界和社会生活中美好的事物来进行。具体来说包括以下内容:

1.培养感受美的能力

学前儿童美育应引导学前儿童注意和欣赏身边生活环境、社会生活、大自然和艺术作品中的美。比如山川河流、日月星辰的原生态美;还有日常生活中家庭环境中的家具、日常用品、人们的服饰等装饰美;还有建筑设计、实用工艺、绘画、雕塑、音乐、舞蹈、戏剧表演等艺术美。借助诸如此类美的事物引导学前儿童逐步感受其中的美，培养他们发现美、爱好美的兴趣，并鼓励孩子们在各种艺术活动、游戏和日常生活中积极地反映对美的感受与体验。

2. 培养初步鉴赏美的能力

审美能力是指对美的事物鉴别、评价、欣赏的能力。学前儿童美育不仅要引导学前儿童感受到美，识别真与假、善与恶、美与丑，而且能对美的事物的性质、种类和程度加以理解、分析、评价和判断，这是一个渐进的过程。如借助社会生活中表现出来的见义勇为，人们的互帮互助，引导学前儿童感知真、善、美。

3. 培养审美联想和想象的能力

学前儿童对事物的感受和理解不同于成人，他们表达自己认识和情感的方式也有别于成人。学前儿童独特的笔触、动作和语言往往蕴含着丰富的想象和情感，成人应对学前儿童的艺术表现给予充分的理解和尊重，不能用自己的审美标准去评判他们，更不能为追求结果的"完美"而对他们进行千篇一律的训练，以免扼杀其想象与创造的萌芽①。因此，各种艺术活动中教师少示范、多参与引导、多鼓励学前儿童大胆地联想和想象。

4. 培养初步表现美的能力

艺术活动是发展幼儿创造力的重要活动，幼儿艺术创造能力的发展，除了需要丰富的已有生活经验外，幼儿还需要掌握一些简单的表现美、创造美的技能，如线条、形状、构图、颜色搭配等绘画技能以及歌唱、律动等表现美的方式方法。在此基础上，创设相应的物质环境、精神环境，支持、鼓励学前儿童积极参加各种艺术活动并大胆运用绘画、歌唱、律动、语言等不同方式表现其独特感受，帮助他们提高表现美的技能和能力。

---

① 中华人民共和国教育部.3～6岁儿童学习与发展指南[M].北京:首都师范大学出版社,2012.

五、实施学前儿童美育的注意事项

（1）学前儿童美育实施途径是多元的。艺术教育活动是学前儿童美育实施的主要途径，通过音乐活动、绘画活动、手工制作、文学作品欣赏、表演活动等艺术教育，发展学前儿童综合审美感知，被艺术作品感染，并产生相应的情感体验，激发起孩子们运用节奏、线条、颜色、形体、语言等方式来表达美、创造美的欲望与行动。日常生活也是向学前儿童进行美育的极好机会，日常生活中的美食是孩子们最接近、最熟悉、最容易感知的，比如通过进餐环节，感知菜肴的美味，体验炊事员和种植蔬菜人员的辛苦，从而形成懂得珍惜别人劳动、珍惜食物、学会感恩的良好品质。另外，还要引导学前儿童观察和感受大自然、社会中时时处处的美，这是美育实施的重要途径。幼儿园可以利用远足、郊游、户外参观等活动，尽可能地创造与大自然、大社会接触的机会。

（2）美育的实施要面向全体并重视培养健全的人格。学前儿童美育的实施不是为了培养艺术家或者极少数的艺术小天才，美育实施的目的是培养每一个孩子美的情感、美的心灵，促进每一个孩子人格的健全发展。因此，学前儿童美育的实施要注重个体差异、关注独特的感受与看法。美育还要重视培养学前儿童健全的人格，长期以来，受重理智、轻情感的倾向影响，学前儿童美育出现了许多值得注意的错误倾向，比如艺术活动重视绘画、歌唱、动作等艺术表现技能的结果，不太重视艺术活动中孩子的情感体验和态度。世界著名的"铃木小提琴教学法"的创始人——日本的铃木镇一先生说过"他的教学不是要培养了不起的任务，而是要培养孩子成为一个品德高尚的人，成为一个具有更加美好心灵的人"。

（3）美育重视培养学前儿童的想象力和创造力。美育中孩子们表现美的灵魂是他们自由的想象和创造，绝不仅仅是依葫芦画瓢似的模仿，如果在艺术活动中，过分强调表现技能、技巧，就会把本来创造性的表现活动降格为一种机械训练，这对发展孩子的想象力、创造力是不宜的。

总之，学前儿童美育应当着眼于引导学前儿童人格向积极方面发展，特别是活动中学前儿童的情感体验和态度。

第六节　学前儿童劳育

劳动教育是促进学前儿童全面发展的重要一环,当前学前教育领域的劳动教育属于薄弱环节,普遍存在着重智育、轻劳育的社会现象。作为学前儿童教育者,要科学认识劳动教育对学前儿童终身发展的重大意义和价值。

一、学前儿童劳育的内涵

《中国大百科全书·教育》中对于劳动教育的界定是"使受教育者树立正确的劳动观点和劳动态度,热爱劳动和劳动人民,养成劳动习惯的教育,是我国学校德育内容之一。"[①]陈鹤琴先生将劳动教育定义为教育者有目的、有计划地向学生教授有价值的劳动观念,帮助学生形成正确的劳动习惯和劳动态度,并习得一定的劳动能力的教育活动。[②]

学前儿童劳动教育是培养学前儿童劳动素养的教育。[③] 霍力岩提出,学前儿童劳动教育是促进幼儿劳动知识和劳动技能获得、劳动意识和劳动习惯形成的一种教育活动。[④] 刘军豪指出,幼儿劳动教育是一种全面而综合的劳动启蒙教育,它在内容上具有生活化和全面性的特点,在形式上是综合式且跨领域的。[⑤] 综合以上界定,认为学前儿童劳动教育是指有目的、有计划地开展的,根据学前儿童的年龄特征,着眼于树立学前儿童劳动意识、培养劳动习惯及品质、提升劳动知识和技能、丰富幼儿劳动情感而开展的教育

---

① 中国大百科全书总编委会.中国大百科全书(第二版)[M].北京:中国大百科全书出版社,2009.

② 吴玲.陈鹤琴幼儿劳动教育思想探要[J].安徽师大学报(哲学社会科学版),1998(01):130-131.

③ 李幸.学前儿童劳动教育的意蕴、原则与实现路径[J].教育导刊(下半月),2019(11):30-34.

④ 霍力岩.幼儿劳动教育:内涵、原则与路径[J].福建教育,2018(47):16-19.

⑤ 刘军豪.陈鹤琴幼儿劳动教育的理念辨析与实践逻辑[J].教育导刊(下半月),2020(7):5-10.

活动。

二、学前儿童劳育的意义

（1）学前儿童劳育是五育的重要组成部分。《意见》强调各个年龄段的教育都要开展劳动教育,幼儿园也必须贯彻执行。在素质教育"德、智、体、美、劳"五育中,众多学者认为应该坚持"劳动为先"原则。"五育"并举的教育方略,只有遵行劳动教育为先的原则,才能更好地完善思想品德、培养良好的行为习惯、尊重劳动人民以及劳动成果。[①]学前阶段要重视劳动教育,有计划有目的有组织地开展劳动教育,才更能够彰显劳动教育作为"五育"之一的独特育人价值,更有利于提高劳动教育的育人效果,培养德才兼备的国家栋梁要从娃娃抓起。

（2）劳动教育是促进学前儿童全面发展的重要手段。劳动教育是国民教育体系的重要内容,是学前儿童成长的必要途径,具有树德、增智、强体、育美的综合育人价值。一是适宜的劳动有利于学前儿童的身体发育,可以促进他们手眼协调、精细动作以及大动作的发展,还可以锻炼幼儿的身体,增强其体质。二是积极的劳动体验能促进学前儿童的心理发展。劳动能够开发幼儿的大脑,促进其逻辑思维、形象思维的发展,在劳动过程中体验着自我身心的愉悦。三是适度的早期劳动能促进学前儿童社会性认知发展及良好的个性品质,劳动有利于培养孩子的独立性、义务感、责任感,有利于培养孩子吃苦耐劳和独立自主自强的精神以及坚强的意志。

三、学前儿童劳育的目标

陈鹤琴对幼儿劳动教育的目的有其独到的见解,他认为学前儿童劳动教育的目的主要是从小培养他们爱劳动、爱劳动人民的感情,学习初步的劳

---

① 张鸿悦.幼儿园劳动教育实施的现状及问题研究[D].沈阳:沈阳师范大学,
2021:1.

动知识和技能,养成爱劳动的好习惯。① 任敏华提出,学前儿童劳动教育的目的不在于其劳动成果的获得,而是帮助幼儿在自我服务劳动和为集体服务的劳动中培养劳动感情和习惯。② 俞志英、许晓琴提出,要根据幼儿身心发展的实际情况与年龄特点制定适宜的幼儿劳动教育目标,主要包括掌握简单的劳动技能、养成爱劳动的好习惯、爱惜劳动成果、尊敬和热爱劳动人民。③

综上,学前儿童劳动教育的目标就是通过劳动教育培养学前儿童热爱劳动的情感,具备基本的劳动能力,形成良好劳动习惯,获得粗浅的劳动技能,体验劳动成果来之不易,养成尊重劳动者、爱惜劳动成果的良好品质。

四、学前儿童劳育的内容

陈鹤琴认为劳动教育是教育者向受教育者施加的一种以劳动观念、劳动习惯、劳动知识技能为教育内容的活动,学前儿童劳动教育有其特定的内容和途径,要反对"成人化""儿童化"倾向。学前儿童劳动教育主要内容涵盖以下四个方面。

1. 自我服务劳动教育

自我服务的劳动教育是以生活自理为目标的自我服务性劳动,主要有自己穿(脱)衣服鞋袜、独立进餐、折叠衣物、盥洗、如厕、洗手脸、刷牙等生活起居相关的劳动,还包括收拾玩具、整理活动场地及材料等自我活动中的劳动。

2. 集体服务劳动教育

集体服务劳动教育主要是学前儿童为班级、幼儿园或家庭进行的劳动,如在幼儿园擦桌椅、值日生工作和大扫除等,在家庭中做家务、为家人分碗筷、洗衣物等服务性活动。

① 吴玲.陈鹤琴幼儿劳动教育思想探要[J].安徽师大学报(哲学社会科学版),1998(1):3-5.

② 任敏华.家长对幼儿劳动教育的认识偏差[J].学前教育研究,1994(5):39-40.

③ 俞志英,许晓琴.我国的幼儿劳动教育[J].早期教育,1994(Z1):44-45.

3.种植饲养劳动教育

种植、饲养活动是让学前儿童通过栽培植物和饲养小动物等,培养他们动手动脑,启发求知欲,培养良好的劳动习惯。

4.手工劳动教育

手工劳动教育主要是引导学前儿童开展自制玩具和其他的手工劳作。学前儿童的发展是在与周围环境相互作用过程中通过物体的操作与人际交往活动来实现,通过成人提供的物质材料的支持来动手制作玩具,如用竹筒、管道运水感知水流,用卡纸制作风车感知风力,用纸杯、毛线制作传声筒感知声音的传播等。在这些探究活动中,既保持了探究欲望、好奇心,还发展了观察、比较、分析、判断、推理等探究能力及与同伴共同解决问题的合作精神,同时也获得了关于周围事物的知识经验。此外,在成人提供的丰富的教育环境里,借助纸类、黏土、布料、线绳等材料及树叶、花瓣等自然材料制作艺术品,如三八节为妈妈设计并制作礼物、国庆节为祖国妈妈制作千层蛋糕等,在诸如此类的操作活动中,即发展了小肌肉及手指精细动作,又发展了初步的感受美、表现美的情趣及能力,还陶冶了爱的情感。

五、实施学前儿童劳育的注意事项

(1)做好安全防护是劳动教育实施的前提。学前儿童身体弱小,对外部周围事物的认知经验较为贫乏,尚不能独立应对周围环境中较为复杂的任务。学前儿童劳动教育在实施过程中,要排除劳动教育实施环境中伤害学前儿童身体健康的隐患,加强保护措施,保证学前儿童安全。陈鹤琴先生强调"凡凶恶丑陋,不合卫生而有危险的玩物,不要给小孩子玩弄。"如"有尖角利边的玩物"等。"好的玩物是质料优美,构造坚固不易损坏的,如木类、橡皮类。"在"剪纸""穿珠""锤击""灌花""拔草""种植""饲养"等具体活动中,均存在着一定的安全隐患,在这类活动中要切实做好安全防护工作,如操作材料边缘打磨圆滑,提供安全手套、头盔、护目镜等防护工具。

(2)劳动教育应与学前儿童发展相适宜。学前儿童劳动教育的内容、实施路径及方法要符合学前儿童年龄特征及发展水平,要符合学前儿童的学习方式和特点,学前儿童"跳一跳"要能够得到。学前儿童以获得直接经验为基础,是通过直接感知、亲身体验、实际操作学习的,劳动教育的实施可以以游戏化的形式开展,比如"穿脱衣服""洗手"等自我服务活动,可以把操作步骤创编成韵律感很强的穿衣歌、洗手歌,在唱一唱、玩一玩的过程中完成;再比如在"种豆子""拔萝卜"等种植饲养活动中,可以通过扮演园艺师、农民等角色开展游戏活动。在学前儿童劳动教育实施过程中,还应注意劳动任务难度要适宜,孩子们通过努力能达到,如种植园里面豆角、黄瓜等植物在搭架时,搭架的高度要考虑学前儿童的生理水平,孩子们不管是在完成搭架任务还是秋季收获果实的时候都能完成。

(3)注重学前儿童劳动品质的培养。《3~6岁儿童学习与发展指南》特别强调要重视学前儿童的学习品质,这种在活动过程中表现出的积极态度和良好行为是其终身学习与发展所必需的宝贵品质,其中就包括探究兴趣、主动性、坚持性、独立性、不怕困难的意志等,劳动教育有利于这些宝贵品质的形成。特别是现代社会家庭孩子数量少、生活居住环境的变化及安全隐患增加等因素的影响,家长对孩子过度保护,使得孩子们动手能力弱、缺乏生活自理能力,挑食、不爱惜粮食等不良生活习惯滋养,轻视劳动、害怕艰苦等行为问题较为普遍。因此,学前儿童的劳动教育要注重对孩子们劳动品质的培养,要养成不怕脏、不怕累、珍惜劳动成果的劳动意识,要养成独立且坚持完成劳动任务的意志品质等等。在实施过程中,成人特别是家长要杜绝为孩子包办代替,正如陈鹤琴先生所说"凡是孩子自己能做的事情,就让他自己去做!凡是孩子自己能想的事情,就让他自己去想!"

(4)教育者的教育态度应保持一致。在家庭教育过程中,家庭各成员尤其是父母对学前儿童劳动教育的要求应一致。陈鹤琴先生曾指出,"对于教育小孩子,做父母的应当在小孩子面前取同一态度。"如果"做父母的大家意见不合,不但使小孩子无所适从,而且也引起他轻视父母之心,所以对于教育小孩子,做父母的不应当在小孩子面前取不统一的态度。"另外,托幼机构与家庭双方对学前儿童劳动教育的要求应保持一致。陈鹤琴先生指出"为教师的应当知道儿童在家里一切的情形……做父母的也应当知道小孩子在幼稚园里做些什么,学些什么,如此则两方面所施的教育,就不致发生冲突,而所得的效果也必定很大。"只有家庭中各成员、家庭与托幼机构形成一个有机的"教育系统",在劳动教育中对学前儿童的态度、要求保持一贯性、一致性,学前儿童劳动教育才会有成效。

第五章

幼儿园教师

19世纪中叶以前,学龄前儿童以家庭教育为主,19世纪后期,随着学前教育专门机构的产生与发展,才出现了专门从事学前教育的教师和工作人员。幼儿园之父福禄贝尔创建幼儿园伊始,还承担了学前教育师资的培训工作。随着学前教育机构的不断发展完善,逐渐形成一支专门的师资队伍,幼儿园教师成为一种特定的职业称号。幼儿园教师是在幼儿园履行教育工作职责、对3~6岁幼儿身心施行特定影响的专业教育工作者。

第一节 幼儿园教师的权利和义务

《中华人民共和国义务教育法》(以下简称《义务教育法》)、《中华人民共和国教师法》(以下简称《教师法》)从法律的角度保障了我国幼儿园教师的社会地位,并倡导全社会都应当尊重教师。2010年《国家中长期教育改革与发展规划纲要》(2010—2020年)把学前教育单独作为一章内容列出之后,学前教育取得了快速的发展,幼儿园教师的奠基性工作对社会的作用越来越被全社会所认识,幼儿园教师的专业性也越来越受到社会的高度认可,教师在享有法律规定权利的同时也应履行法律规定的义务,并忠诚于人民的教育事业。

一、幼儿园教师的权利

教师权利是指教师在教育活动中享有的由《义务教育法》赋予的权利。

国家要保护教师的合法权益,改善教师的工作条件和生活条件,提高教师的社会地位。根据《教师法》给予教师权利的规定,给予幼儿园教师的权利主要有:①开展教育教学改革和实验;②从事科学研究、学术交流及指导幼儿学习与发展,评定幼儿成长发展的教育权;③参与幼儿园民主管理、参加专业学术团队等参与权;④享受带薪休假等国家规定的福利待遇的权利;⑤参加进修或者其他方式的培训等自我提升的权利等。因此,作为一名教师,要了解自己的权利、行使并保障自己的权利,在这些保障前提下,才能毫无顾忌地为教育事业奉献。

二、幼儿园教师的义务

幼儿园教师还担负着培养社会主义事业建设者和接班人,提高民族素质的使命。每一位幼儿园教师都应当为自己肩负的光荣而艰巨的任务感到骄傲和自豪,珍惜和保护自己的权利,同时认真履行自己的义务,自觉地、主动地为学前教育事业奋斗,不辜负党和人民赋予幼儿园教师职业的历史使命。

根据《教师法》对教师义务的规定,幼儿园教师的义务主要是:①遵守宪法、法律和职业道德,为人师表;②贯彻国家教育方针,遵守规章制度,执行幼儿园保教计划,履行聘约完成工作任务;③按国家规定的保教目标,组织、带领幼儿开展有目的、有计划的教育活动;④关心、爱护全体幼儿,尊重幼儿人格,促进幼儿的全面发展;⑤制止有害于幼儿的行为或者其他侵犯幼儿合法权益的行为,批评和抵制有害于幼儿健康成长的现象;⑥不断提高思想政治觉悟和教育教学业务水平。

为了加强幼儿园的科学管理,规范办园行为,提高保育和教育质量,促进幼儿身心健康,依据《义务教育法》等法律法规,制定《幼儿园工作规程》(以下简称《规程》)。① 作为幼儿园教师,在幼儿园进行保教工作的过程中,要明确自身的工作职责,《规程》第四十一条明确指出幼儿园教师对本班工

---

① 周梅林.《幼儿园工作规程解读》[M].北京:北京师范大学出版社.2016:96.

作全面负责,其主要职责如下:

(1)观察了解幼儿,依据国家有关规定,结合本班幼儿的发展水平和兴趣需要,制订和执行教育工作计划,合理安排幼儿一日生活。

(2)创设良好的教育环境,合理组织教育内容,提供丰富的玩具和游戏材料,开展适宜的教育活动。

(3)严格执行幼儿园安全、卫生保健制度,指导并配合保育员管理本班幼儿生活,做好卫生保健工作。

(4)与家长保持经常联系,了解幼儿家庭的教育环境,商讨符合幼儿特点的教育措施,相互配合共同完成教育任务。

(5)参加业务学习和保育教育研究活动。

(6)定期总结评估保教工作实效,接受园长的指导和检查。

"保教结合"是幼儿园教育特殊性的表现之一,保教结合并非幼儿园教师与保育员简单地进行互相沟通、合作就可以了,而是要在工作过程中做到教育中渗透保育、保育中渗透教育、保教要一体化。因此,幼儿园老师还要了解保育员的工作职责。《规程》第四十二条明确提出幼儿园保育员的主要职责如下:

(1)负责本班房舍、设备、环境的清洁卫生和消毒工作。

(2)在教师指导下,科学照料和管理幼儿生活,并配合本班教师组织教育活动。

(3)在卫生保健人员和本班教师指导下,严格执行幼儿园安全、卫生保健制度。

(4)妥善保管幼儿衣物和本班的设备、用具。

总之,作为一名幼儿园教师,要牢记职业赋予自身的权利和义务,要明白自身的工作职责,做一名有理想信念、有道德情操、有扎实学识、有仁爱之心的"四有"好老师。

第二节 幼儿园教师的角色

在当前社会中,一提起幼儿园教师这一个职业,很多人都错误地认为

"幼儿园老师就是高级保姆;就是哄一哄孩子的年轻阿姨",等等,显然这些人没有正确认识幼儿园教师在现代社会的角色定位。

一、幼儿园教师的角色观

在社会学视野中,角色是与某个社会地位、身份相符的一整套行为规范。幼儿园教师的角色就是指幼儿园教师在学前儿童的生活和学习中做一个什么样的人,以什么样的形象出现的问题,其实质反映了幼儿园教师的儿童观、教育观、教师观,它将直接影响其与幼儿之间的关系,也影响其所从事的幼儿教育工作。①

(一)幼儿园教师角色定位的演变

幼儿园教师的称谓在历史发展的不同阶段发生演变。1904 年,清政府颁发《奏定学堂章程》(又称"癸卯学制"),定学前教育机构名为蒙养院,随着学前教育机构的诞生,为解决蒙养院师资问题,蒙养院师资从"乳媪""节妇"中挑选担任,她们是我国最早的幼儿园教师,称之为"保姆"。我国老解放区鼓励广大妇女走出家门、投身社会生产、生活,称为中国革命的组成力量,为了解决家庭照顾孩子的后顾之忧,通过办不同类型的学前教育机构来满足支援生产和战争的需要,1937 年以后,学前教育工作者就意识到托儿所、保育员要以保育结合的方式为主的机构,开始将幼教人员分为教师和保育员两类。随着社会的变革和进步,1952 年 3 月教育部颁发《幼儿园暂行规程(草案)》,将幼稚园改名为幼儿园,对幼儿园教师的称谓像苏联一样更名为"教养员"。1981 年教育部颁发的《幼儿园教育纲要(试行草案)》中,将"教养员"改为"教师"。称谓的改变体现了幼儿教师角色定位的演变,也是对强化幼儿园教师的教育职责和专业人员的趋势要求。

在我国古代,韩愈在《师说》中就说到"师者,传道授业解惑也。"教师是"教书匠""知识的传授者"的角色定位从古至今一直具有自身的影响力,人

---

① 彭文静.社会学视野下的教师角色探析[J].天津市教科院学报.2011(03):58-60.

们自然认为幼儿园教师也要扮演知识传授者的角色,直到今天,幼儿园教师依然没有摆脱这种角色定位的羁绊。

在传统社会,教师的地位是凌驾于学生之上的,教师是知识的权威,因此,教师在教育中扮演的是指导者和控制者。教师指导、控制着教学目标的预设、教学过程的实施路线,教师教学好坏的标准就是教学目标的达成度如何,在这种目标取向的评价制度下,完全忽视了孩子们在活动中产生的丰富的精神世界。

历史发展到今天,幼儿园教育培养的孩子们要能够适应变幻莫测的、快速发展的信息化时代,使之成为 21 世纪所需的能够学会求知、学会做事、学会共处、学会生存的终身学习者。因此,2001 年教育部颁布实施《幼儿园教育指导纲要(试行)》,提出"幼儿园教师应成为幼儿学习活动的支持者、合作者、引导者",这是社会发展对幼儿园教师的角色期待。

(二)新时代幼儿园教师的角色

在新时代背景下,人们对幼儿教师角色的期望,已出现多样化的趋势。如皮亚杰认为,幼儿教师应是孩子的游戏伙伴;蒙台梭利认为幼儿教师应是幼儿学习的指导者和引导者;还有学者认为,幼儿教师应做幼儿母亲的替代者、幼儿的知行朋友、大姐姐等。[①] 结合社会大众对幼儿园教师角色的期待以及《幼儿园教育指导纲要》的精神,幼儿园教师的角色发生了很大的变化,扮演了越来越多的社会角色。

1. 幼儿园教师是幼儿生活的照顾者

《幼儿园教育指导纲要》中指出"幼儿园必须把保护幼儿的生命和促进幼儿的健康放在工作的首位"。从中可以看出学前教育与其他各个教育阶段相比,最显著的特点之一就是学前教育要承担保育的任务,幼儿园是幼儿迈向社会所接触的第一个社会性机构。幼儿缺乏生活经验,身心发展程度都比较低,同时,此阶段的孩子好奇心强、探究欲望强烈,然而他们辨别事物安全性的能力及自我保护能力比较弱,再加上学前儿童进餐、盥洗、穿衣穿鞋等生活自理能力正处于发展之中。因此,幼儿园教师的首要职责就是做

---

① 蔡迎旗.学前教育概论[M].武汉:华中师范大学出版社,2006:86.

好学前儿童的生活照顾,为孩子们创设一个安全、健康的环境,促进孩子们快乐的生活、健康的成长,并且幼儿进入托育机构以后会将对父母的依赖感转移到教师身上,这就要求教师们能够给予孩子们母亲般的照顾和爱护,消除孩子们离开父母家人后的紧张和焦虑,与孩子们建立亲近的关系。幼儿教师还可以和孩子们做朋友,与他们说悄悄话、互相诉说秘密,走进幼儿的心理来洞察他们的内心世界。苏霍姆林斯基说:"教师不仅要成为一个教导者,而且还要成为学生的朋友,和他们一起克服困难,一起感受快乐和忧愁。"①这句话非常适合我们的幼儿园教师。

2. 幼儿园教师是幼儿行为的观察者

《幼儿园教育指导纲要》中指出"关注个别差异,促进每个幼儿富有个性地发展。"《3~6岁儿童学习与发展指南》在说明部分也指出"要充分理解和尊重幼儿发展进程中的个别差异,支持和引导他们从原有水平向更高水平发展,按照自身的速度和方式到达《指南》所呈现的发展'阶梯',切忌用一把'尺子'衡量所有幼儿"。幼儿园教师要能够把握每个孩子的现有发展水平,并提供适当的支持性环境来促进学前儿童在现有水平获得发展,这就需要幼儿园教师在一日活动中对孩子们出现的各种行为进行观察,通过观察了解学前儿童现有的发展阶段、性格特质、活动中遇到的困难,以便教师在制定接下来的教育目标时,能够提供多层次的活动和材料,适合于不同发展水平的孩子,使每个孩子在活动结束的时候都能获得发展、体验到成就感。同时,幼儿教师还要善于记录幼儿的表现和保留幼儿的作品,建立儿童成长档案,这些也是家园共育中与家长交流的重要内容。

3. 幼儿园教师是课程的建构者

陈鹤琴先生的活教育理论指出"大自然、大生活都是活的教材",幼儿园教育没有国家统一的课程,没有固定的教材使用,幼儿园教师要结合不同学前儿童群体的生态环境特征及本班幼儿的具体情况,制定出适合本幼儿园的课程,甚至制定出适合本班幼儿的班本课程。幼儿园教师是课程的建构者,这是时代发展赋予幼儿园教师的新角色。因此,幼儿园教师要在工作过

---

① [苏]B.H.契尔那葛卓娃.教师道德[M].上海:华东师范大学出版社,1987:31.

程中反思实践,从事行动研究,将经验上升为理论的层面,幼儿教师对幼儿的研究、课程的研究、家园合作的研究、社区环境的研究应当结合自身的反思,让自己成为一名研究者,保证幼儿教师专业的可持续发展,将其研究和反思服务于实践。考虑到我们国家从事幼儿教育的师资整体学历不高,而且支持学前教育的学术资源薄弱,建议通过专家引领,指导教师做项目的形式来提升教师的研究水平,因为幼儿园教师的研究现场就是教育现场,能够解决教育教学中的真问题。

4. 幼儿园教师是活动的指导者

《幼儿园教育指导纲要》中指出"教师的指导是否有利于幼儿主动、有效地学习""明确评价的目的是了解幼儿的发展需要,以便提供更加适宜的帮助和指导",这就明确了幼儿园教师是活动的指导者的角色定位。蒙台梭利主张将"教师"改为"指导者",新的儿童观和学习观也认为,学前儿童是一个主动的学习者,是学习的主体,学前儿童有能力通过自身的主动学习来获得经验,然而学前儿童获得经验的渠道可能会比较少,获得经验可能会比较零散、缺乏组织性和系统性。面对新问题时,学前儿童不太容易把已有的经验迁移到新的问题情境中解决新的问题。这就需要幼儿园教师为学前儿童的发展提供支持性的指导,以便于扩充学前儿童的经验。幼儿园教师作为活动的支持者,不仅要创设良好的环境、提供丰富适宜的材料,还要掌握指导的方法和时机,真正使得教师的指导能促进学前儿童在原有水平上获得"最近发展区"的可能发展水平;同时,幼儿教师还要与儿童一起营造良好的精神氛围,为班级创建一个既又秩序、又要自由和轻松,还要具备竞争合作、独立自尊、积极向上的环境。

5. 幼儿园教师是资源的整合者

《幼儿园教育指导纲要》中指出"幼儿园应与家庭、社区密切合作,与小学相互衔接,综合利用各种教育资源,共同为幼儿的发展创造良好的条件。"布朗芬布鲁纳的生态系统理论也指出,个体的发展不是孤立地进行的,而是在与个体的家庭、学校、社区乃至社会的关系中发展的,这同样适用于幼儿园教育,因此,幼儿园教育很重要的工作内容之一就是要善于与幼儿、同事同行、家长、社区等方面的人员合作与交流,并且是这个资源系统中的核心环节、出发点及归宿,要了解家长职业的特点、社区文化资源等,承担着整合各方教育资源的重任,为幼儿园课程的建构奠定基础。由此,我们说幼儿园教师是幼儿园教育资源的整合者。

可见,幼儿园教师在教育过程中所扮演的角色是多重的,幼儿园教师要根据具体的教育情境灵活发挥好自身的角色,成为学前儿童拥有一个快乐幸福童年生活的领航人。

第三节 幼儿园教师的职业劳动特点

幼儿园教师从事的工作,根据我国教育目的及幼儿园教育目标,指导幼儿开展各项活动,并且要将进餐、饮水、睡眠、盥洗等生活照顾活动作为教育工作的重要内容,促进幼儿在身体、认知、品德和行为习惯及审美等方面的全面发展。幼儿园教师的劳动,与其他职业的劳动及其他学段教师的劳动相比,具有以下自身的特点。[①]

一、劳动对象的主动性和幼稚性

幼儿园教师的劳动对象是3~6岁的学前儿童。他们是主动的、活泼的、发展的主体,有着自己的需要、兴趣和主观能动性,能够通过自身的内部作用对外界刺激进行选择,并内化为自身的经验和知识结构。同时,学前儿童的身心处于快速发展时期,其身体器官发育尚未成熟,喜欢具体形象的事物,辨别是非的能力较差,对外界充满好奇。因此,幼儿教师必须了解儿童,针对儿童发展的特点和水平,激发他们主动学习的动机和兴趣,调动儿童的积极性。

幼儿园教师的劳动对象不仅具有主动性,而且还具有不成熟性。幼儿发展的水平不高,他们刚能独立地行动、学习用语言表达自己的愿望和感

---

① 中公教育.国家教师资格考试专用教材:幼儿园综合素质[M].北京:世界图书出版公司,2021:42.

情、思维的发展还处在具体形象的阶段、知识经验还很贫乏、对周围事物的认识充满了天真和幼稚的表现。幼儿教师劳动对象的不成熟性的特点，使得幼儿教师的劳动更为艰巨，在教育过程中，幼儿园教师的主导作用就显得更为重要了。

二、劳动任务的整体性和细致性

学前教育的主要任务是保教合一，促进学前儿童身心全面、和谐地发展，这就决定了幼儿园教师劳动的整体性和细致性。一方面，幼儿园教师要对学前儿童进行德、智、体、美、劳等方面的教育；各项保教工作互相配合、互相渗透、使保教工作的每一环节相互联系，构成网络和层次，形成整体的工作流程；另一方面，从早晨入园时的晨检到下午离园的叮嘱，在寄宿制幼儿机构，教师还得关心孩子晚上的休息。总之，幼儿在幼儿园一日生活的每个环节都离不开教师的关心、照顾和引导，教师不仅要关心孩子的吃喝拉撒、还要关心孩子的生活和学习活动，比如，游戏活动需要教师提前规划好所需的材料，做好游戏前的准备，甚至还要调解幼儿活动中发生的矛盾等。幼儿园教师的工作十分琐碎、具体，这不仅需要爱心，更需要幼儿园教师的耐心和细心。

三、劳动过程的创造性

由于每个学前儿童的兴趣、爱好和发展水平不同，教师需要针对每个学前儿童和每个教学活动的具体情况，创造性地运用教学条件，创设新的环境以激发学前儿童的学习兴趣，培养他们的创造性思维，以促进他们在原有基础上获得最大限度的发展。比如晨间活动提供什么新的游戏材料？怎样增加早操的运动量？对于不爱运动、不爱讲话的小朋友，如何进行个别化教育等问题，都需要幼儿园教师创造性地处理，许多教师在自己创造性的教育实践中逐渐形成了自己的教育智慧。此外，教育教学中出现的一些突发事件，比如孩子们之间出现的冲突事件、孩子突然昏厥等，都需要老师机智地解决。幼儿教师观察幼儿的频率和速度,为从事其他年龄段教育的教师所不能及。

经过脑科学家长期的实验测试证明人类大脑的可塑性最强阶段是出生后的6岁前阶段,根据我们所熟知的"才能递减规律",0~6岁时幼儿大脑发展的黄金发育期,同时也是宝宝大脑开发的黄金时期,在这一阶段给予一定的外界"刺激"与"干预",塑造孩子的超强脑力,教师得有极强的洞察力,因材施教,把握孩子的每一个变化。

四、劳动手段的主体性

学前儿童学习的模仿性和向师性以及他们认知过程和心理过程的特点,决定了幼儿园教师劳动极具示范性。基于幼儿对幼儿园教师的一种特殊的信任和依赖之情,他们知识经验的获得往往是通过对教师的模仿来进行的。因此,幼儿园教师必须充分意识到身教重于言教的意义,做到身体力行,以身作则,在思想情感、言论行动或立场观点等方面为学前儿童做好榜样。同时,与中小学教师相比,幼儿教师的指导性文件主要有《幼儿园工作规程》《3~6岁儿童学习与发展指南》《幼儿园教育指导纲要》等,由于这些文件都不是具体的指令性文件,因此幼儿教师的工作很大程度上取决于教师的自觉性,可自行根据幼儿的情况进行课程目标的设定、课程内容的选取。

五、劳动周期的长期性

俗话说:十年树木,百年树人。幼儿园教师的工作是培养学前儿童的劳动,需要经过很长时间才能看到成效。学前儿童成长为社会所需的人才,需要经过十几年甚至二十几年的周期;每个儿童在德、智、体几方面的发展也是一个长期的、反复的过程;同时,在成长过程中存在着许多不确定因素,阻碍学前儿童持续的、稳定的发展。因此,幼儿园教师在学前儿童身上付出的劳动所产生的效果,很难立马显现出来。

在从事幼儿园教育工作中,幼儿园教师要正确认识在教育过程中的作用,要充分发挥幼儿园教师在教育过程中的主导作用,处理好教师的主导作用和学前儿童的主体地位之间的关系,扮演好自身在教育过程中的角色,成为学前儿童学习活动的支持者、合作者、引导者。

总之,幼儿园老师的教育对象有其特殊性,在实施保教活动中要结合幼儿园教师的职业劳动特点科学施教,让孩子们在游戏中学、玩中学。

第四节　幼儿园教师的专业素养

幼儿园教师是在幼儿园进行保教工作的专业工作者,幼儿园教师职业是需要具备一定的职业素养的,根据2012年教育部颁布的《幼儿园教师专业标准》,幼儿园教师的专业素养应该包括三个方面。[①]

一、专业理念与师德

幼儿园教师首要素养是要有高尚的职业道德,要热爱学前教育事业,具有职业理想,践行社会主义核心价值体系,履行教师职业道德规范。教育部印发《新时代幼儿园教师职业行为十项准则》分别是:①坚定政治方向,坚持以习近平新时代中国特色社会主义思想为指导、拥护中国共产党的领导;②自觉爱国守法;③传播优秀文化;④潜心培幼育人;⑤加强安全防范;⑥关心爱护幼儿;⑦遵循幼教规律;⑧秉持公平诚信;⑨坚守廉洁自律;⑩规范保教行为。洛克在《教育漫话》中提出:"做导师的人自己应当具有良好的教养。"坚守职业道德和社会公德,是每个幼教工作者都必须秉持的工作信条,幼儿教师不能仅仅将职业看作是一种谋生手段,更应该正确认识自己从事的职业要担负的责任,要谨记幼儿教育的初衷是润泽心灵、启迪智慧。

幼儿园教师不仅要为人师表,用爱心、责任心、耐心和细心地去平等对

---

① 教育部教师工作司.幼儿教师专业标准解读[M].北京:北京师范大学出版社,2013:10.

待每一位孩子,还要树立正确的儿童观和教育观;关爱幼儿、尊重幼儿成长规律;自尊自律,具有团队精神积极开展协作与交流,做幼儿健康成长的启蒙者和引路人。

二、有扎实的学识

幼儿园教师要掌握扎实的幼儿发展知识、幼儿保教知识和通识性知识等基本知识。

1. 幼儿发展知识

幼儿发展知识就是要了解关于幼儿生存、发展和保护的有关法律法规及政策规定,掌握不同年龄幼儿身心发展特点、规律和促进幼儿全面发展的策略与方法,了解幼儿在发展水平、速度与优势领域等方面的个体差异,掌握对应的策略与方法,了解幼儿发展中容易出现的问题与适宜的对策,了解有特殊需要幼儿的身心发展特点及教育策略与方法。

2. 幼儿保教知识

幼儿保教知识就是要熟悉幼儿园教育的目标、任务、内容、要求和基本原则,掌握幼儿园环境创设、一日生活安排、游戏与教育活动、保育和班级管理的知识与方法,熟知幼儿园的安全应急预案,掌握意外事故和危险情况下幼儿安全防护与救助的基本方法,掌握观察、谈话、记录等了解幼儿的基本方法,了解幼儿保教和幼小衔接的有关知识与基本方法。

3. 通识性知识

通识性知识就是要具有一定的自然科学和人文社会科学知识,了解中国教育基本情况,掌握幼儿园健康、语言、社会、科学、艺术五大领域教育的特点与基本知识,具有相应的艺术欣赏与表现知识及现代信息技术知识。

三、专业能力

幼儿园教师要具有包括环境的创设与利用、一日生活的组织与保育、游戏活动的支持与引导、教育活动的计划与实施、激励与评价、沟通与合作、反思与发展七大能力素养。

1. 幼儿园环境的创设与利用能力

幼儿园环境的创设与利用就是要建立良好的师幼关系,帮助幼儿建立良好的同伴关系,让幼儿感到温暖和愉悦。建立班级秩序与规则,营造良好的班级氛围,让幼儿感受到安全、舒适。创设有助于促进幼儿成长、学习、游戏的教育环境。合理利用资源,为幼儿提供和制作适合的玩教具和学习材料,引发和支持幼儿的主动活动。

2. 一日生活的组织与保育能力

一日生活的组织与保育就是要合理安排和组织一日生活的各个环节,将教育灵活地渗透到一日生活中。科学照料幼儿日常生活,指导和协助保育员做好班级常规保育和卫生工作。充分利用各种教育契机,对幼儿进行随机教育。有效保护幼儿,及时处理幼儿的常见事故,危险情况优先救护幼儿。

3. 游戏活动的支持与引导能力

游戏活动的支持与引导就是要提供符合幼儿兴趣需要、年龄特点和发展目标的游戏条件。充分利用与合理设计游戏活动空间,提供丰富、适宜的游戏材料,支持、引发和促进幼儿的游戏。鼓励幼儿自主选择游戏内容、伙伴和材料,支持幼儿主动地、创造性地开展游戏,充分体验游戏的快乐和满足。引导幼儿在游戏活动中获得身体、认知、语言和社会性等多方面的发展。

4. 教育活动的计划与实施能力

教育活动的计划与实施就是要制订阶段性的教育活动计划和具体活动方案。在教育活动中观察幼儿,根据幼儿的表现和需要调整活动,给予适宜的指导。在教育活动的设计和实施中体现趣味性、综合性和生活化,灵活运用各种组织形式和适宜的教育方式。提供更多的操作探索、交流合作、表达表现的机会,支持和促进幼儿主动学习。

5. 激励与评价能力

激励与评价就是要关注幼儿日常表现,及时发现和赏识每个幼儿的点滴进步,注重激发和保护幼儿的积极性、自信心。有效运用观察、谈话、家园联系、作品分析等多种方法,客观地、全面地了解和评价幼儿。有效运用评价结果,指导下一步教育活动的开展。

6.沟通与合作能力

沟通与合作就是要使用符合幼儿年龄特点的语言进行保教工作。善于倾听,和蔼可亲,与幼儿进行有效沟通。与同事合作交流,分享经验和资源,共同发展。与家长进行有效沟通合作,共同促进幼儿发展。协助幼儿园与社区建立合作互助的良好关系。

7.反思与发展能力

反思与发展就是要主动收集分析相关信息,不断进行反思,改进保教工作。针对保教工作中的现实需要与问题,进行探索和研究。制定专业发展规划,不断提高自身专业素质。

总之,教育工作的复杂性以及学前教育对象的特殊性对幼儿园教师的挑战性很强,在当前高质量学前教育发展趋势的大背景下,幼儿园教师要不断在实践中学习、反思、研究、再实践、再反思,终身学习,不断提升自己的专业素养。

第五节　幼儿园教师的专业发展

随着《3~6岁儿童学习与发展指南》的深入实施,以及当前高质量学前教育的时代诉求,幼儿园教师要适应教育改革与发展趋势,由原来的"教书匠"向"学者型"教师转化,这是新时代对教师发出的呼唤。这一转化过程也就是我们常常说的"教师的专业发展"。

一、幼儿园教师的专业发展

(一)幼儿园教师专业发展的内涵

幼儿园教师的专业发展即幼儿园教师个人在职业生活中的成长,涵盖了师德规范的增强;知识的拓展、更新和深化;技能的提高等专业化的本质要求。

(二)幼儿园教师专业发展的意义

幼儿园教师专业发展既是时代发展对教师的必然要求,也是幼儿园教师提高自身职业生活质量的内在需求,其必要性具体表现在:

(1)幼儿园教师的专业发展是适应学前教育发展的需要。培养"创新精神和实践能力"是21世纪经济发展对教育提出的人才培养要求,幼儿园教师是教育的实施者,教师的质量直接影响孩子们的成长质量。因此,新时代对学前教育的要求必然引起教师角色的变化,教师要转变传统的知识传递者的教师观,要成长为儿童学习的支持者、促进者;要成为教育实践的研究者,在实践中发现问题、分析问题、解决问题;要成为儿童教育生活的同构者,教师不仅仅关注当前儿童生活的幸福和快乐,更要关注如何引导儿童奔向幸福、成功的未来美好生活。

(2)幼儿园教师的专业发展可以改变我国幼儿园教师队伍素质较低的现状。多项研究表明,当前我国幼儿园教师队伍素质参差不齐,整体素养较低。在当前高质量学前教育发展的时代背景下,提高学前教育质量的关键在于要有一支高质量保教的教师队伍,教师队伍的质量直接影响幼儿园教育质量、影响学前儿童的发展水平。幼儿园教师的专业发展和学前儿童的发展是一个连续体,只有教师不断地发展才能不断地为孩子们提供有意义的学习经验,从而促进学前儿童更高水平地发展。因此,为了学前儿童的健康发展,幼儿园教师必须不断提升自己的专业素养。

(3)幼儿园教师的专业发展可以提高自身的社会地位。一种社会职业的社会地位主要取决于它的专业化程度,幼儿园教师是专业工作者,因此需要教师要有系统的理论知识作为支撑,要有专门的技能做保障,要求教师要能够运用专业知识独立进行判断、决策,要能够在幼儿园教育活动的组织与实施过程中创造性地开展工作。但是,在现实生活中,很多人错误地认为幼儿园教师是"高级保姆""就是看一看孩子的阿姨",这严重影响了幼儿园教师职业的社会地位。因此,幼儿园教师更应该提升自身的专业素养,运用专业话语体系赢得社会的认可与尊重。

(4)幼儿园教师的专业发展可以实现自身内在的生命价值。美国心理学家马斯洛的需求层次理论是人本主义科学的理论之一,他把需求层次从低到高分为生理需求、安全需求、社交需求、尊重需求和自我实现需求五个层次。其中，最高层次的需求是自我实现，也就是个人的理想和抱负，通过发挥个人的能力到最大程度，达到自我实现的境界，在这个层次的人能够接受自己也能够接受他人，解决问题能力增强，自觉性提高，善于独立处事，要求不受打扰地独处，完成与自己的能力相称的一切事情的需要。幼儿园教师要实现自身的社会价值，需要不断地在职业生涯中研究、思考、创造，实现自身的内在生命价值，在不断寻求自身专业成长的过程中体验获得感、幸福感。

二、幼儿园教师专业培养与发展

幼儿园教师专业培养与发展可以通过两大体系完成：一类是职前培养教育体系，一般由地方教育部门举办，也鼓励企业、社会团体和个人办学或捐资助学，主要有幼儿师范学校、高等院校、各地教育学院及教师进修学校来培养。根据《幼儿园工作规程》的规定，在职幼儿园教师必须具有《教师资格条例》规定的幼儿园教师资格，获得"幼儿园教师资格证"才具备毕业要求。目前，我国《教师法》要求取得幼儿园教师资格，应当具备幼儿师范学校毕业及其以上学历；职前教育整体层次的上移和丰富性，使得我国幼儿园教师学历层次有了提升，就业门槛也随之提高，这是积极的一面，然而，幼教师资来源的质和量仍令人担忧。

另外一类就是职后培训及提升教育体系，主要是幼儿园教师走上工作岗位之后的专业成长，这个阶段专业发展的途径是多元化的，可以通过学历教育和非学历教育来实现。《国家中长期教育改革和发展规划纲要（2010—2020年）》提出要充分调动多方力量发展学前教育，不断发展学前教育培训，实现其质量的进步与飞跃。学历教育主要包含专科、本科、硕士和博士，可以通过函授、自考、开放大学、在校进修等形式获取学历证书；非学历教育可通过各级各类线上线下培训、师徒制、自学等途径实现。同时，政策要向农村偏远地区、民族地区等贫困落后的地区倾斜,培养一批幼儿园园长和教师骨干。①

总之,幼儿园教师要为培养适应未来社会发展的人才做好奠基工作,就要树立终身学习理念,不断反思、实践、再反思、再实践,通过多种途径寻求专业发展,实现自身的职业理想,做一个勇于担当时代使命的先锋。

三、幼儿园教师自主发展的途径

《幼儿园教师专业标准》提出幼儿园教师专业发展的基本理念是"幼儿为本、师德为先、能力为重、终身学习"。可见,幼儿园教师的专业发展不是一蹴而就的,它是一个循序渐进、具有个体性和持续性的过程,而教学实践就是幼儿园教师成长最专业的"进修学校",除了幼儿园管理者为幼儿园教师提供优质的专业发展环境外,幼儿园教师的专业发展更多要靠由内在需求驱动的自主发展。那么,幼儿园教师自主发展的途径有哪些呢?

(1)通过大量的阅读唤醒专业自主发展意识。苏联著名教育家苏霍姆林斯基说过"无限相信书籍的力量,是我教育信仰的真谛之一",他建议老师要"读书、读书、再读书"。教师要读书才能发展,而幼儿教师的群体特征更决定了他们必须读书,并在读书的同时进行实践、反思和写作,学以致用。所以,读书是幼儿园教师专业发展和生命成长的最好途径之一,也是幼儿园教师专业发展的基本方式。

幼儿园教师读什么样的书籍呢?优秀教师李镇西对教师读书提出的"四读",可以供幼儿园教师参考:一读教育经典,真正的教育经典永恒而平易,真正的教育理论永远都不会过时;二读教育报刊,了解同行在干什么、在思考什么;三读人文书籍,拓展自己的人文视野,提升自身的人文素养和文笔风采;四读写孩子和为孩子写的书,走进孩子的心灵,切近孩子的实际。

针对不同专业发展阶段的幼儿园教师,也要注意书籍的选择性是由差异的:对于初入职的新手教师,需要多阅读一些经典的活动设计、教育经验

① 蔡迎旗.学前教育概论[M].武汉:华中师范大学出版社,2006:97-98.

文章,实现理论到实践的转化;对于有一定教学经验的成熟型教师,需要多阅读教育经典,多读有一定理论含量的专业书籍,带着问题较系统地读,升华自身的教育经验,形成自身的教育风格;对于研究型、专家型教师来讲,适宜采用研究式的读书方法,有选择地阅读一些专著类书籍,跳出幼儿教育的圈子,到大教育、再到其他领域,使一定的"专"和"博"相结合,一定的系统性、个别性和专题性相结合。

(2)幼儿园教师要制订专业自主发展的规划蓝图。"凡事预则立,不预则废",专业自主发展规划是幼儿园教师对自身专业发展的各个方面及各个阶段,总体的规划和长远的愿景,专业自主发展是幼儿园教师个体有别于他人的专业发展,是根据幼儿园教师自身实际提出的,不是千人一面的发展。幼儿园教师在专业发展的每一个阶段都具有一定的阶段性特点,要把握自己目前所处的发展阶段,深入剖析自身的优势和劣势,确立每一个阶段的专业发展目标。在制定了详细的专业发展目标之后,比如三年计划、五年计划、短期计划、长期计划等,幼儿园教师需要在实践中不断调整自己的计划,让自己朝着理想的方向发展。

(3)幼儿园教师要不断反思,成为主动的学习者。我国著名心理学家林崇德主张"优秀教师=教育过程+反思",幼儿园教师专业自主发展的重心不应仅停留在"理论指导实践"的被动学习层面,应更多关注"实践检验理论"的主动反思层面,正如《幼儿园教师专业标准》中提出的"坚持实践、反思、再实践、再反思,不断提高专业能力"。反思的方式包括活动后反思与调整、教育叙事、教育随笔、案例分析、教育感悟等,有些是活动后留下的痕迹,有些是一周或一个月或更长时间后有重点的梳理和阶段性分析,每位幼儿园教师可以根据自身的风格形成自己的教育反思模式。

除此之外,反思不仅仅包括教育过程的反思,还包括自身成长的反思,当教师对自身成长进行反思时,在惊讶自己在教育战线上的小收获的同时,也会关注同事的成绩,实际上就会产生一种竞争、一份促动,反思差距的原因,在反思中激活崭新的自我。

(4)积极投入园本教研,促进专业思考。园本教研是幼儿园教师围绕常态教学进行的研究活动,对教学实践的参与和改进是核心目的,园本教研在实践中开展研究,最后又回归到幼儿教育实践中去改变教师的教育教学行为。可以说,园本教研是促进幼儿园教师专业发展最可行、最有效的途径。教学相长,幼儿教师和幼儿之间的关系是互相影响和促进,共同提高。因此,幼儿园教师要积极投入园本教研活动中,在幼儿园内部搭建起同伴合作、交流、研究的平台,在集思广益的氛围中,解决自身在幼儿园教育实践中的困惑、问题,不断提升教育教学实践能力,不断升华理论知识的吸收。

总之,高质量的幼儿园教育需要高质量的幼儿园教师队伍,幼儿园教师要不断寻求专业发展、不断提升专业能力,这更多需要幼儿园老师激发内在需求的驱动力寻求自主发展,创造属于自己的"幼教梦"。

第六节 幼儿园教师师资队伍建设

在党和政府的关注下,学前教育事业在最近几十年得到了迅猛发展,国家先后出台了《关于当前发展学前教育的若干意见》《关于学前教育深化改革规范发展的若干意见》等政策,为我国学前教育的发展保驾护航,不仅提升了教师待遇保障机制,依法落实了幼儿教师地位和待遇,全面落实了专业标准,还制定了专门的幼儿园教师职业道德行为准则,极大地提高了对幼儿教师的要求和入门门槛。同时,结合《关于全面深化新时代教师队伍建设改革的意见》,认真分析研判新形势下幼儿园教师队伍建设面临的新挑战和新任务,进一步推进幼儿园教师队伍建设改革,以更好服务国家学前教育事业改革发展,为实现党的十九大提出的"幼有所育"的总目标贡献力量。将从以下六个方面来为学前教育的发展提供强有力的师资保障,并为下一阶段实现"幼有优育"奠定基础。

(1)要加强师德师风建设,铺好幼儿园教师队伍底色。2018年出台的《新时代幼儿教师职业行为十项准则》对幼儿园教师群体与其他阶段教师队伍的不同表现,主要的、凸出的师德失范问题,针对性地提出了要求,更贴合实际,同时每一条既提出了正面倡导的要求又划定了红线、底线。准则中的禁止性规定,是对广大教师的警示提醒,是严管厚爱。例如,北京市将思想政治和师德师风建设内容作为中小学、幼儿园教师培训必修课,每年投入资金对全市幼儿园园长和教师管理水平、教育教学能力和师德师风修养进行全覆盖培训;实行师德师风考核一票否决制度,旗帜鲜明查处师德失范问题,维护风清气正的教育生态。①

(2)要强化资格准入制度,把好幼儿园教师队伍入口。教育部一直严把幼儿教师入口关,严格幼儿园教师准入条件。不仅严格要求幼儿教师持证上岗,在教师资格认定工作中要求严格审核、把关,严防有犯罪前科的人获得教师资格。例如,甘肃省教育厅强调今后将按照"国家标准、省级招考、县级录用"的原则招考幼儿园教师,严把幼儿园保教人员"入口关",确保学前教育健康快速发展。为确保幼儿园保教人员素质,该省规定,幼儿园园长必须具备大专毕业及以上学历,具有幼儿园教师资格,有3年以上幼儿园工作经历和一定的组织管理能力,并获得幼儿园园长岗位培训合格证书;幼儿园教师必须具有《教师资格条例》规定的幼儿园教师资格;保育员应具备高中毕业及以上学历,并受过幼儿保育职业培训;幼儿园医师应按国家有关规定和程序取得医师资格,医生和护士应具备中等卫生学校毕业学历或取得卫生行政部门的资格认可;炊事员应有一定的配餐技能,懂得儿童营养知识,具有三级以上的厨师职称,并有岗位资格证书和健康证。②

(3)要创新补充配备方式,扩大幼儿园教师队伍规模。教育部积极指导各地落实《幼儿园教职工配备标准》,尽快补足配齐幼儿园师资,据了解,浙江、安徽、山东、广东、广西、陕西等省(区、市)已出台了当地的公办幼儿园教职工编制标准,贵州、云南等省参照中小学教职工编制标准,核定了幼儿园教职工编制。其他省(区、市)也正在进行调研论证。《关于做好2020年中小学幼儿园教师公开招聘有关工作的通知》中明确要"助力高校毕业生就业,改善教师队伍结构,推进教育事业发展"。各地要加大幼儿园教师补充力度,通过加强幼儿园编制配置,例如,有条件的省份每年核定一定数量的

---

① 教育部.北京市大力加强师德师风建设[EB/OL].http://www.moe.gov.cn/jyb_xwfb/s6192/s222/moe_1732/201912/t20191216_412287.html.
② 教育部.甘肃把好幼儿园保教人员"入口关"[EB/OL].http://www.moe.gov.cn/jyb_xwfb/s5147/201204/t20120409_133718.html.

幼儿园教职工编制,优先招聘学前教育专业高校毕业生到幼儿园就业。教师公开招聘实施"先上岗、再考证"阶段性措施,不得设置指向性或与岗位无关的歧视性条件。①

(4)要落实待遇保障水平,增强幼儿园教师职业吸引力。国务院《关于当前发展学前教育的若干意见》(国发〔2010〕41号)强调,要依法落实幼儿教师的地位和待遇,切实维护幼儿教师权益,完善落实幼儿园教职工工资保障办法和社会保障政策;核定公办幼儿园教职工编制,逐步配齐幼儿园教职工;并对长期在农村基层和艰苦边远地区工作的公办幼儿教师,按国家规定实行工资倾斜政策。② 民办幼儿园教师待遇偏低已经成为当前影响学前教育发展的一个重要因素,教育部门应在认真履行政府监管责任的同时,加大对民办幼儿园,特别是普惠性民办幼儿园的扶持力度,要特别关注让民办幼儿园教师切实享有同等权利、同等社会待遇的落实情况,不断提高其职业吸引力,推进学前教育的健康发展。

(5)要健全培养培训体系,提高幼儿园教师队伍质量。教育部高度重视学前教育师资培训,通过实施相关培训和完善培训制度来推动各地开展幼儿园教师培训工作。一是启动实施"幼儿园教师国家级培训计划"。2011年以来,中央财政专项支持农村幼儿园教师培训,采取脱产研修、集中培训、园本实践等方式,对中西部农村幼儿园教师和园长进行有针对性的专业培训,至2018年底共培训幼儿园教师和园长196万人次。二是完善幼儿园教师培训制度。《国务院关于发展学前教育的若干意见(国发〔2010〕41号)》中提出"建立幼儿园园长和教师培训体系,满足幼儿教师多样化的学习和发展需求,并要求创新培训模式,为有志于从事学前教育的非师范专业毕业生提供培训"。下一步教育部将督促指导各地教育行政部门认真贯彻落实幼儿园教师培训制度,继续实施"幼儿园教师国家级培训计划",增强培训针对性,

---

① 教育部.对十三届全国人大二次会议第3771号建议的答复[EB/OL].http://www.moe.gov.cn/jyb_xxgk/xxgk_jyta/jyta_jiaoshisi/201911/t20191126_409735.html.

② 教育部.教育部对十三届全国人大一次会议第5584号建议的答复[EB/OL].http://www.moe.gov.cn/jyb_xxgk/xxgk_jyta/jyta_jiaoshisi/201812/t20181229_365403.html.

改进培训内容,转变培训方式,规范培训管理,不断提升幼儿园教师、园长的专业素质和教育教学能力。① 例如,天津从 2017—2021 年持续开展"提高幼儿园保教质量专项培训",累计培训幼儿园保教人员近 8 万人次,实现全市幼儿园教职工人均 1~2 次专业培训的目标,极大地促进了幼儿园保教质量的提升。2021 年的全市幼儿园等级评定中,公办示范幼儿园数量比 2017 年增长了 157%,普惠性民办示范幼儿园比 2019 年增长了 83%,获得天津市中小学市级学科骨干教师称号的名单中有 192 名幼儿园教师。

(6)要宣传先进典型经验,营造尊师重教的良好氛围。教师职业的光荣和尊严,需要国家正面宣传和政策引导。"最美教师""时代楷模"等荣誉评选及多种形式的教师表彰奖励活动,有力地营造尊师重教的良好社会风尚,提升教师的社会地位。比如,沂源县南麻街道西台幼儿园刘霞教师二十多年的幼教生涯中,一直脚踏实地奉献着自己的热忱,在自己的岗位上默默地耕耘着,无私奉献着,用她全部的热情和爱去点缀着幼教事业的风景线;② "感动江苏教育人物——2016 最美幼儿教师"表彰仪式在南京举行,阜宁县抗灾救童幼儿教师群体获得"2016 最美幼儿教师"特别奖,10 位在幼教岗位上甘于奉献的"孩子王"获得"最美幼儿教师"荣誉称号;③感动枣庄教育人物评选领导小组,给武淑静的颁奖词是:扎根于幼教事业这个平凡的岗位,她默默谱写着人生的春华秋实,行走在童心烂漫的世界,她收获着人间最美好的挚爱和真情。这些幼教人都在以不同的方式无怨无悔地做一个童年守望者。④

---

① 教育部.关于政协十三届全国委员会第一次会议第 0010 号(教育类 003 号)提案答复的函[EB/OL]. http://www. moe. gov. cn/jyb_xxgk/xxgk_jyta/jyta_jiaoshisi/201901/t20190122_367782. html.

② 齐鲁晚报[N/OL]. https://baijiahao. baidu. com/s? id = 17297970316846736718&wfr = spider&for = pc.

③ 中新网-江苏[N/OL]. https://www. sohu. com/a/113939110_123877.

④ 齐鲁晚报[N/OL]. https://baijiahao. baidu. com/s? id = 1644281797604172281&wfr = spider&for = pc.

第六章

幼儿园环境

幼儿园环境是推动幼儿发展的重要载体,是促进幼儿身心健康发展的重要保障。因此,了解幼儿园环境特点、掌握幼儿园环境创设的原则,理解环境中教师的作用,构建支持幼儿发展的环境系统,对促进幼儿身心发展具有重要的价值。

第一节　幼儿园环境概述

一、幼儿园环境的概念

《幼儿园教育指导纲要》提出,"幼儿园应为幼儿提供健康、丰富的生活和活动环境,满足他们多方面发展的需要,使他们在快乐的童年生活中获得有益于身心发展的经验",构建支持幼儿全面发展的全环境,对幼儿园身心全面发展具有重要价值和意义。

幼儿园环境有广义环境和狭义的环境之分。广义的幼儿园环境是指幼儿园教育所需一切物质条件的和精神条件的总和,即包括幼儿内所有设施设备、人文精神;又涵盖了以促进"幼儿发展"的学校、家庭、社区等相关物质环境和精神环境。

狭义的幼儿园环境指的是幼儿园内的环境,即幼儿园内对幼儿身心发展产生影响的所有的物质要素和精神要素的总和,即涵盖了教师、幼儿、幼儿园房舍、设施设备、图书资料、玩教具等有形要素,又涉及了幼儿园办园理念、规章制度、文化传统等无形要素。

二、幼儿园环境的特点

幼儿园环境是满足幼儿发展的基本保障,是促进幼儿身心发展的主要载体。根据幼儿园教育性质,幼儿园培养目标及幼儿身心发展规律,幼儿园环境主要有教育性、可控性、童趣性、互动性和开放性。

1. 教育性

教育性是幼儿园环境创设最本质的特征。《幼儿园教育指导纲要》指出:幼儿园要创设与教育相适应的良好环境,为幼儿提供活动和表现能力的机会与条件。环境创设教育性是幼儿园环境与其他环境的最大区别,环境创设优先满足孩子发展需求,同时,幼儿园环境创设是幼儿园办园愿景、办园目标等的外在表现,是落实幼儿园办园目标、办园理念的有效载体。

2. 可控性

幼儿园环境的教育性决定了幼儿园环境的可控性。幼儿园环境可控性主要表现在幼儿园环境创设目的性、计划性和组织性,目的性是指幼儿园环境的创设是为现实一定的教育目的而创设;计划性是指幼儿园在环境创设中,能有效选择实现教育目的各种环境的创设、玩教具的选择、人文精神的塑造;组织性是指幼儿园环境创设中,能根据教育的要求、幼儿的身心发展规律和生活经验水平,按教育效能的最大化创设最优化的幼儿园环境、控制和平衡各种环境中可能影响幼儿发展的不利因素,保障和优化环境中的各要素服务于幼儿现阶段发展和未来发展需求。

3. 童趣性

幼儿园环境是幼儿真实生活的环境,是幼儿游戏、学习、生活的重要场所,良好的幼儿园环境既要符合幼儿身心发展规律、认知特点、审美水平及生活经验,又要充满童趣、童心。于此,在幼儿园环境创设的色彩选择、空间布局要符合幼儿的审美标准,玩教具、阅读书籍等要充满稚趣和童真。

4. 互动性

幼儿的发展是在与环境的相互作用中实现的,幼儿环境创设的过程也是幼儿发展的过程。在教学游戏化的背景下,教师与幼儿的双主体地位在幼儿园中尤为突出。教师是幼儿园环境创设的设计者、引导者和指导者,环境中渗透了教师的理性思考和教育理念、反应教师的专业水平。幼儿是环境创设的参与者、使用者和评价者,能较容易觉察环境的变化,通过操作、摆弄、作画、游戏等作用于环境,运用环境中的各种资源,能够按照要求完成任务。

5. 开放性

幼儿园环境是整个大环境中的一环,是整个大环境的重要组成部分。幼儿园环境不是一个封闭的区域环境,是内外环境相互作用的一个综合体。因此,幼儿园的教育不仅仅是幼儿园内部资源的开发和利用,还应该本着开放的原则,将可利用的幼儿园内外教育等资源充分利用起来、通过开展丰富多彩、扎实有效的社会实践活动、幼儿园的家庭教育活动和家园合作活动,丰富幼儿园学习内容和生活内容。

三、幼儿园环境的分类

幼儿园环境从不同的划分视角,有不同的划分方式。保教视角,可以分为保育环境和教育环境;活动形式视角,可分为运动环境、游戏环境、语言环境等。一般而言,幼儿园环境主要分为物质环境和精神环境。

1. 物质环境

物质环境是幼儿教育存在与发展的前提与必备条件。幼儿园物质环境分为广义的物质环境和狭义的物质环境。

广义的物质环境指幼儿园内外一切天然环境与人工环境中物的要素的总和。包括自然资源、建筑设施、社区资源、家庭资源等。

狭义的物质环境是指在幼儿园内部对幼儿发展产生影响的各种物质要素的总和。包括幼儿园建筑、设施设备、阅读材料、玩教具等。

2. 精神环境

幼儿园精神环境是指对影响幼儿发展的园内外一切精神要素的总和。主要包括办园理念、幼儿园管理制度、人际关系、政治、经济、伦理道德、民风民俗、生活方式等。幼儿园精神环境具有隐蔽性,潜移默化地影响幼儿认知、情感、社会性发展及个性品格的形成,幼儿园物质环境教育价值的实现很大程度依赖于精神环境的作用。

第二节　幼儿园环境创设的意义和原则

幼儿园教育性质决定了幼儿园环境的特殊性,即幼儿园环境的教育性、保育性和美观性。因此,在了解幼儿园环境创设意义的基础上,掌握幼儿园环境创设原则,是创设有秩序的、支持幼儿发展的幼儿园环境的前提。

一、幼儿园环境创设意义

《幼儿园教育指导纲要》提出"幼儿园应为幼儿提供健康、丰富的生活和活动环境,满足他们多方面发展的需要,"幼儿园环境创设对幼儿身体健康、社会认知、健全人格等发展具有重要价值。

(1)满足幼儿身心发展需要,培养幼儿良好的生活习惯和卫生习惯。保育和教育是幼儿园两大任务,"保"是基础,"教"是发展,幼儿园环境创设是促进幼儿发展的基础条件。幼儿园环境创设,一方面,适宜幼儿园发展的空间、完善的设施设备可以满足幼儿身体锻炼的需求;优美、整洁的环境可以培养孩子的美感、激发和培养幼儿的创造力和想象力;允许幼儿探索性的环境可满足幼儿的好奇心,激发幼儿的探究热情,培养幼儿的探究能力;井然有序的活动环境有利于培养幼儿的适应能力,使幼儿感到自由、被尊重、宽松、被接纳,从而培养幼儿乐观自信的品质。另一方面,良好的生活习惯、卫生习惯是融合一日活动中,而幼儿园环境是一日活动的有效载体,良好的生活习惯和卫生习惯是在与环境的相互作用中形成的,在良好的环境中,更易于幼儿良好生活习惯和卫生习惯的养成。

(2)良好的环境是幼儿充分游戏的保障,发展其健全和谐的人格。游戏是幼儿的基本活动,良好的环境是幼儿充分开展游戏的保障。《幼儿园教育指导纲要》提出:幼儿园的空间、设施、活动材料和常规要求等应有利于开发、支持幼儿的游戏和各种探索活动,有利于引发、支持幼儿与周围环境之间积极的相互作用。构建有易于幼儿游戏探索的空间环境,有助于鼓励、支持、引导幼儿的大胆探索;有利于培养幼儿不怕困难、勇敢、坚强的意志品质和积极主动、乐观、合作的性格态度;同时,良好的环境对于幼儿自主、自信、自尊、独立等良好个性特质的形成具有积极促进作用。

(3)激发幼儿自主探究的兴趣,培养其深度学习的能力。对新事物的好奇与探索是幼儿内在生命力的外在表现,①幼儿通过自己自发的探究而不断地加深其对世界的认识和理解。对于幼儿来说,探究的过程也是学习的过程。这一学习过程不同于传统意义上被动记忆或反复练习式的学习过程,而是幼儿以自己的方式与周围环境互动的过程。在与环境的互动过程中,幼儿的好奇心与求知欲得到了满足,同时幼儿的知识经验也得以增长。正如杜威所认为的,知识的获得不是个体"旁观"的过程,而是"探究"的过程。② 也就是说,知识并不存在于个体作为旁观者的被动理解中,而是存在于个体对不确定情境的积极反应过程中。③ 在此基础上,杜威还提出探究的五步骤,即设置充满不确定性的真实情境、提出能引发思考的真实问题、搜集有助于解决问题的资料、展开所设想的解决问题的方法和假设对提出的方法与建设进行检验。由上述步骤可知,充满不确定性的真实情境是幼儿探究活动发生的基础和前提。因此,为激发幼儿的探究兴趣、引发幼儿的深度学习,我们需要为幼儿创设真实而自然的户外游戏环境与氛围。而只有在这样的环境之中幼儿才能够在亲近自然、直接感知、实际操作、亲身体验的过程中进行自主探索和深度学习。生态学所主张的有机联系、双向互动、回归自然的幼儿园户外游戏环境正符合这一要求。

① 杨恩慧.生态学视野下幼儿园户外游戏环境的意义、特征与优化[J].学前教育研究,2021(4):11-18.

② 塔利斯.最伟大的思想家:杜威[M].彭国华译.北京:中华书局,2014:62.

③ 郭法奇.探究与创新:杜威教育思想的精髓[J].比较教育研究,2004(03):12-16.

二、幼儿园物质环境创设的原则

蒙台梭利认为:教育的基本任务是让幼儿在适宜的环境中得到自然的发展,教师的职责在于为幼儿提供适宜的环境。幼儿园要为幼儿的发展创造适宜的环境,在创设环境的过程中,要遵守安全性原则、环境与教育目标一致性原则、发展适宜性原则、幼儿参与性原则、开放性原则、效能性原则。

(一)安全性原则

幼儿园安全性原则是指幼儿园园舍建设、设施设备、玩教具、活动场地等要符合国家颁布的相关卫生标准,符合幼儿身心发展规律、适宜幼儿发展需要,对幼儿身心不会造成伤害的原则。《幼儿园教育指导纲要》指出:"幼儿园必须把保护幼儿的安全和促进幼儿健康的成长放在工作的首位。"在幼儿园环境创设中,安全是幼儿园环境创设第一要务,只有在安全、温馨、有秩序的环境中,幼儿才能安全、快乐地成长。

当然,保障幼儿安全固然是幼儿园工作的第一要务,但是安全性的获得并不能通过过度的束缚来实现。真正的安全绝对不是消极地排除一些潜在的安全隐患。从而使幼儿置身于"绝对安全"的外在环境之中,因为"绝对安全"的环境从来就不存在。真正的安全应该源自幼儿自身对潜在危险的辨别与规避,源自其面对危险自如应对、从容不迫的能力与勇气。就如同说,使幼儿免于剪刀伤害最有效的方式从来不是杜绝幼儿使用剪刀,而是在幼儿使用剪刀的过程中引导其掌握剪刀的正确使用方法。

(二)环境与教育目标一致性原则

幼儿好奇、好问、好动的年龄特点和环境教育性特点决定了幼儿园环境创设要与环境保持一致的原则,环境与教育目标的一致性原则是指环境的创设要体现幼儿园办园理念、办园目标及课程内容,即幼儿园环境的创设要将抽象的办园理念、办园目标渗透在幼儿园环节创设中的各个环节,使办园理念办园目标外显化,即在创设幼儿园环境中,既要有利于幼儿园办园目标、办园理念的实现,又要能够有效促进幼儿的全面发展。如果只重视某个方面忽略另一个方面,孩子的发展都是畸形发展。同时,教育目标是幼儿园环境整体规划、设计的依据,在幼儿园环境创设中,创设者要整体考虑"幼儿园教育目标是什么? 这些目标在各年龄段又可以分为哪些具体目标,这些目标的课程是怎么设计的,要实现这些目标需要设计哪些具体的教学活动,为了实现培养目标,幼儿园要创设哪些大环境和哪些小环境,不同层面的环境承担什么样的教育价值等具体性问题",只有整体规划,全面设计、深度融合,才能充分发挥幼儿园环境育人的价值。

(三)发展适宜性原则

发展适宜性原则是指幼儿园环境创设要符合幼儿的身心健康发展规律和幼儿的年龄特征和需要,不同环境、不同年龄段的幼儿对环境的需要是不同的,比如建构区材料的投放,不同年龄段在建构材料的数量、种类、形状、大小等方面就不同。另一个方面还要注意即使同一个年龄段,还要考虑幼儿发展的个体差异性,促进每个幼儿全面、和谐地发展,比如中班幼儿投放练习使用筷子的材料,夹的材料从大小、物体表面的光滑程度等方面,要由易到难有层次性,为每个孩子的发展水平提供支持条件。

(四)幼儿参与性原则

幼儿参与环境的创设是幼儿权利,任何人都没有权利剥夺孩子的发展权。参与性原则是指在幼儿园环境创设中,幼儿与教师共同合作、共同参与幼儿园环境创设的原则。《3~6岁儿童学习与发展指南》指出,幼儿的学习是以直接经验为基础,在游戏和日常生活中进行的。创设一个可接近、可互动、可体验的环境,能最大限度支持、引导、满足幼儿直接感知、实际操作获取经验的需要,因此,幼儿参与环境的创设是幼儿本身成长的一个过程,也是幼儿园权利的体现,幼儿参与环境创设的本身意义在于能培养幼儿的主体精神,发展幼儿的主体意识及培养幼儿的责任感及合作精神。即使在环境创设中,幼儿与环境、幼儿与教师以及幼儿与幼儿认知、实践、经验上的冲突,也不能剥夺幼儿参与环境创设的权利与机会。否则就影响幼儿园直接操作经验获得。

(五)开放性原则

开放性原则是指幼儿园环境创设既要考虑幼儿园设计内部环境要素,又要重视幼儿园外部环境各要素,内外各种要素的有机结合,协同一致地对幼儿施加影响。幼儿园环境只是整个社会大环境的一环,整个社会大环境中各种因素都会对幼儿园各层面产生不同程度的影响，因此，幼儿园很难独立于整个大环境之外，如果将幼儿园环境从整个社会大环境中孤立出来，很难达到教育的预期效果，也难促进幼儿的全面发展，鉴于此，幼儿园应主动与外界结合，让家庭、社区成员更进一步了解幼儿和幼儿园，将各种教育资源整合在这个开放的系统中，一方面，可以充分发挥各种社会资源的教育支持，整合各方教育资源有针对性地对幼儿进行教育；另一方面，幼儿园融合到整个大系统中，接收来自各个层面的教育反馈，了解社会、国家对人才培养的要求，从而优化幼儿园教育、管理，改善自身的教育观念和行为，进而实现共同促进幼儿园德智体美劳的全面发展和身心和谐发展的教育目标。

（六）效能性原则

效能性原则主要包括经济效能和使用效能，经济效能是指创设幼儿园环境应考虑不同地区、不同条件园所的实际情况，做到因地制宜、因陋就简。使用效能是指要充分发挥环境中的各种材料，实现环境中各种材料教育最大值，及满足幼儿发展需要，即有效地节省各种资源。

在幼儿园环境创设中，一是秉持"节省办园"的优良传统，要坚持低费用、高效率的原则，充分利用一切自然材料、废旧材料，做到一物多用，不浪费宝贵资源，更不能追求设施设备的高档化；二是充分考量幼儿园环境是否满足幼儿发展需要。幼儿园环境创设要充分考量不同年龄段孩子发展需求，如小班幼儿园对材料的要求是同种多份，大班幼儿是有足够的操作空间和重组的低结构材料，环境创设中，只有充分了解幼儿身心发展特点和幼儿需求，精准提供材料，才能勤俭办园和充分发挥材料的教育效能；三是环境材料的深度开发，环境材料的重组性、多玩性和可开发性是环境材料深度开发的关键，因此环境材料的选择、使用遵循螺旋式开发原则，推进环境材料深度开发，从而节俭资源和实现环境材料的教育效能。

第三节　幼儿园环境创设的策略与方法

幼儿园环境创设包含户外环境和室内环境的创设，幼儿的发展水平、需求、环境教育价值和功能不同，环境创设要求、策略和方法也不同。

一、幼儿园环境创设的总体策略

(一) 户外环境的创设

《幼儿园教育指导纲要》明确指出："环境是重要的教育资源,应通过环境的创设和利用,有效促进幼儿的发展。"幼儿园户外环境一般分为集体活动区、器械设备区、种植养殖区三大区,幼儿园户外环境的创设建设策略如下:

1. 根据幼儿身心发展规律、满足幼儿园身心发展的需要

环境创设的价值在于使幼儿增值,增值是幼儿园环境创设的出发点和归宿点。因此,在幼儿园环境创设中,根据幼儿年龄段发展需要,保障幼儿身心发展需要,具体体现在地面建设、器械设备、游戏场地结构等方面。

户外环境是幼儿进行走、跑、跳、攀登等较剧烈运动的场所,鉴于此,户外环境的创设首先要注意地面的安全。一般来说,每位幼儿的活动空间不少于 $2m^2$,地面以坚实平坦的土地、沙地、草地为宜,这种地面可以减少跑跳活动对脑部造成的震荡,同时比较安全,水泥地面过于坚硬,不适合作为户外活动场地地面。

大肌肉活动是锻炼幼儿强健的体魄和矫健、灵活、机敏身手的重要活动。在购买锻炼大肌肉活动的设备时,优先考虑设备的安全性、坚固性、耐用性和可变组合性。

游戏场地的结构是推动幼儿深度游戏的关键,在幼儿园户外游戏场地创设中,每班的游戏场地面积不应小于 $60m^2$;室外共有的游戏场地面积为:$[180+20*(N-1)]m^2$,其中 N 为班级数。游戏场地可设置不同的区域:大型玩具区、园艺区、种植区、动物区、操持区等。

将美育渗透在幼儿园环境中,户外环境是培养幼儿园美感的重要载体,因此,在安全、卫生的前提下充分地绿化、美化和自然化。

2. 回归自然,提升幼儿园户外环境的自然性

环境自然性是与幼儿园"幼儿自然性"相宜的影响因素,符合幼儿园好奇、喜欢探究的年龄心理特征,能满足幼儿在周围环境中感受环境变化的需要,①若幼儿长期与自然疏离,缺乏与自然接触,则会导致各种行为和心理问题,也即是理查德·洛夫所提出的"自然缺失症"。② 乔·佛罗斯特、朱莉·恩斯特等研究者也认为,自然性是幼儿园户外游戏环境的重要特征,充满自然的户外游戏环境能够为幼儿提供广泛的游戏体验。因此,幼儿园要重视幼儿园户外环境的价值和重要性,为幼儿的"自然性"发展提供条件和基础。

3.打破户外区角模块化,保持区角开放性,构建系统化户外环境

评价一个经验的价值标准在于能否认识经验引起的种种关系和关联性,连续的经验有利于幼儿构建经验的系统化和知识的结构化,经验连续性的获得需依赖各种教育环境之间的连续和整合,碎片化、断层经验易导致幼儿从一个环境到另一个环境的不可连续性和不可迁移性,由此,幼儿园在户外游戏环境创设时应打破各模块之间的独立性,保持区角开放性,构建系统化户外环境。

如何构建系统化的户外环境? 一是户外环境创设时的整体设计,一方面考虑各模块之间的开放性,另一方面要弱化各模块的界限。二是保持户外环境与周围环境的连续性,户外环境是周围环境的"小社会",也是幼儿生活的大舞台。

(二)室内环境的创设

1.活动室面积与空间利用

《城市幼儿园建筑面积定额(试行)》明确指出,幼儿园如果活动室与寝室分设,活动室的使用面积不小于 $54m^2$。如果寝室与活动室不分设,则活动室应为 $90m^2$。按每班 30 名幼儿计,每名幼儿应 $1\sim3m^2$(包括家具、设备、占地面积)。幼儿园室内环境应达到这一额定面积,按规定控制每个班级的幼儿人数。

---

① HESTENES L,SHIM J,DEBORD K. The measurement and influence of outdoor child care quality on preschool children's experiences [CJ/Biennial Conference for the Society for Research in Chil Development, Boston,UK. 2007.

② 理查德·洛夫.林间最后的小孩:拯教自然缺失症儿童[M].王西敏译. 北京:中国发展出版社,2014:8.

2. 室内环境的结构

(1)活动区数量、面积适宜。活动区的数量应根据幼儿园实际情况和现实需要设计,一般情况,活动区所容纳的幼儿人数不超过 5 个为宜。

(2)各活动区的活动减少干扰。各活动区的相对独立是发挥活动区教育价值的前提和保障,一方面,要保持各活动区的开放,另一方面,也要保障各活动区的独立,让其充分发挥其教育价值,因此,活动区的设计应动静结合,尽量分开避免相互干扰。

(3)设备的摆放应方便幼儿取用。为幼儿发展提供支持性环境是幼儿园环境创设的出发点,环境创设应以支持孩子的发展为基础,因此,在环境创设中,室内室外的设备或者教玩具的摆放要有利于幼儿游戏,方便幼儿取用,以便更好支持幼儿探究和实践。

(4)幼儿有独处的地方。独处空间的创设是环境创设中不可或缺的一个重要区域,以满足幼儿秘密或私密活动的需要,因此,幼儿园要充分利用环境,创设秘密活动区,满足幼儿心理发展的需要。

(5)各活动区应该遵守的活动规则要清楚明确。活动规则是保障活动顺利开展和有效探索的前提,因此,在幼儿园活动创设中,一方面,要整体设计,要充分发挥各个区域的教育价值,另一方面,要明确各区域游戏规则,规则的设计既可以培养幼儿的规则意识和责任意识,还可以保障活动的顺利开展和有序进行。

3. 材料的投放

材料是激发幼儿开展探索、促进幼儿发展的最强有力的载体。因此,投放符合幼儿年龄特点的活动材料,对不同年龄段的幼儿,就应该投放不同的活动材料。如小班应投放简单易操作的材料,例如:放大镜、小风车、万花筒等;中班应投放操作难度稍高的材料,例如:磁铁、钟面等;大班应投放操作难度更高的材料,例如:天平、地球仪、望远镜等;投放稍高于幼儿能力的活动材料,要使活动对幼儿身心有促进作用,应提高活动材料的操作难度,使材料的操作难度稍高于幼儿的实际操作水平,这样才能促进幼儿手脑身心发展,不会出现因材料操作过于简单而失去活动的价值;投放贴近生活的活动材料,太"高大上"的材料往往会使幼儿丧失"亲切感",贴近生活的材料会带给幼儿熟悉感,使幼儿在操作时能吸取生活经验,从而能更容易的操作材料。总之,在材料投放中,要充分考虑不同区域游戏特点、各年龄段幼儿游戏水平,做到投放有度、投放有效。

二、幼儿园环境创设的方法

在幼儿园环境创设的实践中,幼儿园环境创设的方法有讨论法、探索法、操作法和评价法。

(一)讨论法

讨论法是教师和幼儿在与环境相互作用过程中,以问题和幼儿兴趣为圆点,师幼相互讨论选择和确定环境创设主题、内容、材料投放、规则等的方法。讨论主题和内容来源于幼儿一日生活中感兴趣的活动,因此,在环境创设中,教师要善于发现幼儿的关注点和兴趣点,鼓励幼儿大胆表达自己的观点和看法,支持幼儿将自己的想法变为现实,积极为幼儿提供探索上的支持,让幼儿感受并收获参与幼儿园环境创设的喜悦和快乐。

(二)探索法

探索是基于问题的发现、勤于对问题的思考和敢于对解决问题的尝试,在发现问题、思考问题、解决问题中获得系统性解决问题的经验、知识和技能。好奇和喜欢探索是幼儿的天性,因此,教师要相信幼儿,包容幼儿和支持幼儿,不要取消幼儿在环境创设中的探索,而是要让幼儿尝试使用各种不同的方法、不同的材料、不同的玩法对游戏材料、墙饰、活动区域的探索,在探索中发现事物变化的外在表现及运行规律,从而提高他们与环境和材料交往的积极性。

(三)操作法

操作法依赖操作材料,是幼儿通过对材料的操作、发现材料的特点、功用及用途等,从而获得知识、经验、技能的方法。在幼儿操作材料过程中,教师要为幼儿创设一个敢于想象,大胆操作的环境,为幼儿提供适宜的操作材料,鼓励幼儿对不同材料的操作尝试。

(四)评价法

评价法是优化幼儿园环境创设质量的重要方法。评价的主要内容包括创设的环境是否符合幼儿的身心发展,幼儿与环境的互动质量及环境创设使用效果。评价法贯穿于幼儿园环境创设的各个环节,比如环境创设方案的评价、环境投放材料的评价、幼儿与环境互动质量的评价、幼儿参与环境创设的评价,等等,环境评价既是一种控制手段、又是一种环境创设的方法,不仅能及时了解、掌握环境创设的过程质量,而且还能时时了解幼儿与环境的相互影响,及时总结环境创设中好的做法,好的经验,将经验上升为理论,以便更好指导环境的创设。同时还能及时反馈环境创设中的问题,从而进一步优化环境,使创设环境更符合幼儿的身心发展规律和发展需要。

三、幼儿园环境创设中教师的作用

(一)准备环境

1. 让环境蕴含目标

幼儿园环境的创设是为幼儿园教育目标的实现而服务的,在环境创设中,教师要心中有目标,要为教育目标的实现而有效整合园内园外的各种教育资源,使各种环境中的要素在适宜的位置发挥其教育价值,做到教育目标融于环境中,幼儿园环境中渗透着教育目标。

2. 环境要有利于激发幼儿兴趣

兴趣是幼儿在环境中开展探究、操作材料的原动力,环境的创设必须符合幼儿的发展水平、认知特点、兴趣需要。因此,在环境的创设中,教师要加强理论知识的学习,扎实了解幼儿不同年龄段心理特点、认知特点、游戏水平,根据幼儿园现有水平选择环境创设方案,颜色的选择、材料的投放、有效的指导,通过环境的潜移默化影响,激发幼儿兴趣。

3. 充分尊重幼儿的主体性地位

幼儿是幼儿园环境的主要使用者、参与者和评价者。参与幼儿园环境的创设是幼儿发展权、游戏权的重要体现,因此,在环境创设中,教师要充分尊重幼儿的主体地位,具体为尊重幼儿观点、尊重幼儿的想法、尊重对材料的选择,积极引导、支持幼儿参与幼儿园环境创设中等,让幼儿充分感受到环境是自己创造的而不是老师创造的,以便更好地激发幼儿的积极性。

(二)控制环境

控制环境是指教师利用环境中的材料、规则等来激发幼儿参与活动的积极性,保持幼儿活动状态,促进幼儿在环境中充分发展自己一种方法。在幼儿园环境控制中,教师可以通过环境中各种要素诱导幼儿开展活动;为幼儿提供适宜的材料;根据幼儿需要及时给予幼儿指导;有效引导幼儿解决活动中遇到的各种困难;及时调解活动中的各种矛盾;巧妙帮助幼儿结束活动,帮助幼儿园保持探究的兴趣和探究的欲望等措施来有效控制环境。

(三)调整环境

幼儿园外部环境和幼儿的发展不是一成不变的,环境的创设必须随着环境,幼儿兴趣、需要、认知水平发展及活动主题的变化而变化,当然环境的调整要有一定的度,一方面,孩子的发展都有一定的阶段性,每个阶段都有一定的时间间隔;另一方面,频繁调整环境会造成人力、物力资源的浪费,时间成本增加,环境教育价值的减值。因此,教师要观察幼儿、了解幼儿对环境投入程度来判断环境是否更换,从而保持环境的适宜性和教育价值。

第七章

幼儿园游戏

游戏是幼儿园的基本活动,随着幼儿园课程改革的深入推进,幼儿园游戏的地位和价值越来越得到大家的认可,那么什么是游戏? 幼儿园游戏具有哪些特点? 幼儿园游戏的功能或者价值是什么? 幼儿园游戏的类型有哪些? 影响幼儿园游戏的因素有哪些? 幼儿园游戏的指导时机和指导方法有哪些? 对于以上问题的回答有助于我们更深入地认识和理解幼儿园游戏,树立正确的游戏观,为在教育实践中观察和指导游戏奠定坚实的理论基础。

第一节　幼儿园游戏的内涵、特点及价值

游戏是人类社会普遍存在的一种社会现象,生活中都不乏游戏的存在。游戏对于我们而言并不陌生,大家都有过玩游戏的经验,体验过游戏的快乐,但被问及什么是游戏时,不同人可能会有不同的回答,要给游戏下一个准确的定义,确实很难。从学术层面探讨什么是游戏,目前有很多的解释,但迄今为止还没有一个科学、令大家都满意的定义。但是,通过对游戏特征的把握来界定游戏既是必要的,也是可能的。

一、幼儿园游戏的内涵

幼儿园教育的一大特点就是幼儿园教育要以游戏为基本活动。在大家对童年生活最美好的记忆里,玩木马、玩泥巴、过家家这些游戏活动是大家记忆最深刻的游戏活动。

　　"游戏"是一个高度抽象、内涵丰富的概念,教育学家和心理学家对游戏的概念一直争论不休。在希腊语中游戏有玩某种东西、轻松自在、无价值的含义,现代欧洲把游戏广泛用于某些轻松的行为和运动,游戏一词在我国与"嬉戏""玩耍"极为相似。从中西方对游戏的语言学角度的定义,会发现一些相似之处,游戏与运动或动作有关,游戏与工作以及具有工作性质的"学习"不同,游戏是一种自由而放松的活动,游戏是无价值的、不认真的、不严肃的。

　　在教育学的发展历程中,自古希腊哲学家柏拉图最早提出"寓学习于游戏",对于游戏的探索一直没有停止过。幼儿教育之父福禄贝尔说,"游戏是儿童内部存在的自我活动的表现",席勒说,"游戏是剩余精力的一种无目的的消耗",格罗斯说,"游戏是对未来生活的一种无意识的准备",杜威说,"游戏不是一种严肃的、追求外在目的的活动,游戏活动的意义在于游戏活动本身",列昂节夫说,"游戏的目的在于行动的过程而不是结果",布鲁纳说"游戏的本质是手段超过了目的",陈鹤琴说,"小孩生来是好动的,是以游戏为生命的"。

　　每个学者从不同角度对游戏的内涵进行了阐释。《教育大辞典》对游戏的界定:游戏是幼儿的基本活动,是适合幼儿年龄特点的一种有目的、有意识的,通过模仿和想象,反映周围现实生活的一种独特的社会活动。具有趣味性、具体性、虚幻性、自愿性、社会性的特点。

　　所以,我们要对游戏的内涵形成正确的认识,游戏是儿童喜欢的、主动的、自愿的、愉快的活动,是儿童通过亲身体验获得生命意义的活动,是对儿童成长的适应,是符合儿童身心发展特点的活动。

二、幼儿园游戏的特点

　　刘焱指出,游戏特征列举法是一种常见的用来解释游戏,解决定义问题的方法,即通过找到游戏的一些共同属性来定义游戏。① 为此,刘焱列举了5

---

① 刘焱.儿童游戏通论[M].北京:北京师范大学出版社,2004:144—145.

位专家关于游戏特征的看法(表7-1)。

表7-1 【拓展阅读】游戏特征列举法①

游戏特征	专家看法
纽曼的游戏特征"三内说"	游戏与工作的区别: 1.内部控制:活动控制是内部还是外部 2.内部真实:活动内容是真实的还是假扮 3.内部动机:活动是由内部还是外部引发 纽曼(1971)认为游戏必须具有以上三种因素。当这三种因素都是外部,在游戏者之外,这种活动就不是游戏
克拉斯诺和佩培拉的游戏"四因素说"	他们认为,可以为游戏行为确定四个标准: 1.灵活性:游戏形式和内容的可变性 2.积极情感:游戏的娱乐性 3.虚构性:想象和假想的因素 4.内部动机:为游戏而游戏,不受外部规则或社会要求的限制 单独的标准不足以确定某种行为是否为游戏,但是,这种行为所符合的标准越多,就越能被看成是游戏行为
加维:游戏五因素论	加维(1982)认为游戏活动具有以下五个基本特征: 1.内在动机 2.自由选择 3.积极情感体验 4.过程导向 5.非真实性

本研究认为,幼儿园游戏活动是幼儿园一日活动的基本活动,同生活活动、学习活动相比,游戏活动具有以下的特点:

(1)游戏是幼儿的自主活动,具有自主自愿性。游戏是幼儿的自主活动,主要表现在游戏的内容、形式、进程等由幼儿自己选择,而不应由成人直接控制。比如在区域活动时间,幼儿自主选择要进行何种游戏,在自主选定游戏内容之后,区域活动的主题确定、角色分配、材料选择、任务分工等都是由幼儿自己决定。

---

① 刘焱.儿童游戏通论[M].北京:北京师范大学出版社,2004:144-145.

（2）游戏无强制性的外在目的，具有非功利性。幼儿玩游戏的目的在于游戏活动本身，是为了好玩而游戏，除此之外，别无其他目的，游戏的目的在于游戏过程本身。游戏没有强烈的完成任务需要，没有外部的控制。

（3）游戏伴随着愉悦的情绪体验，具有愉悦性。一方面，幼儿通过游戏活动获得成功体验，从而获得愉悦的情绪体验，只要幼儿在活动中具有满足感、成功感等积极的内心体验，就可以说幼儿具有了愉悦的情绪体验。另一方面，游戏还是缓解幼儿消极情绪的有效手段，比如小班新入园幼儿出现哭闹等入园焦虑现象，可以通过做游戏来缓解甚至消除负面情绪。

（4）游戏活动是在假想的情景中发展的，具有虚构性。游戏是幼儿在假想的情景中反映现实生活的活动，是假装的，不是真实的。在游戏中，幼儿通过想象，将日常生活中的表象组合成新的表象运用于游戏之中。比如孩子们在进行过家家的角色游戏中，对于爸爸、妈妈的角色扮演，就是在假想的角色、假想的情景中完成的。

总之，游戏是幼儿最喜欢的活动，是幼儿生活的主要内容，幼儿园教育应该以游戏为基本活动，幼儿园教师要尊重幼儿游戏的权利，尊重幼儿游戏的自主自愿性，让孩子们在"真游戏"中快乐成长！

三、幼儿园游戏的价值

儿童从事游戏是他们的天然权利，游戏对于儿童身心各方面的和谐发展是很重要的，游戏对于学前儿童身心发展的功能及作用主要体现在四个方面：

1.游戏可以促进幼儿体能和动作技能的发展

游戏可以促进儿童身体、感官和肌肉系统的控制及成长。无论是户外的大动作还是大运动量的游戏，还是室内桌面上精巧动作的游戏，都能对幼儿体能锻炼、动作技能产生积极的作用。并且在这些游戏活动中，儿童总是快乐的，情绪处于积极状态，这种轻松愉悦的心情，对儿童心理健康发展有积极作用。

2.游戏可以促进幼儿的认知发展

游戏为幼儿提供了认识自己、他人及周围环境的机会，游戏在幼儿的认知发展、同化与顺应这两个相关过程的发展中具有重要的作用。游戏中可以丰富并巩固幼儿的知识,比如在角色游戏中,巩固并丰富不同社会角色的经验。游戏能促进幼儿观察力、注意力、记忆力、思维力、创造能力、解决问题等方面能力的发展,比如在建构区共同完成搭建任务,幼儿在完成搭建任务的过程中,想象力、思维力、合作与协商、解决问题等多方面获得发展。游戏还有利于促进幼儿语言能力的发展,语言是在运用和交往的过程中发展起来的,幼儿在各种游戏中和同伴之间的沟通、交流,无时无刻都会借助语言这种交流媒介来进行。

3. 游戏可以促进幼儿的社会性发展

游戏为幼儿认识他人,减少自我中心提供良好的机会。幼儿通过从事各种游戏活动,必须学会与他人对话互动、控制自己的占有欲,掌握同伴之间谦让、协商、合作等接纳同伴和被同伴接纳的交往技能,增强遵守规则的意识。

4. 游戏可以促进幼儿情绪情感的发展

游戏是幼儿调节情绪的主要工具。因为游戏具有完全的自主性,幼儿在游戏中可以尽情地发挥自己的想象,自由表达自己的情感,因此,游戏有利于幼儿积极情感的发展。另外,游戏给幼儿创造了一个快乐、期待、生气、焦虑等多种不同情绪的表达与宣泄,有助于幼儿消极情感的疏导,是克服紧张情绪的手段。

总之,游戏是多种多样的,游戏可以促进幼儿身体、认知、情感、社会性方面的全面发展。需要注意的是,游戏可以促进幼儿的全面发展,这并不是说任何一个游戏都要同时达到四方面的功能,有的游戏只能达到其中一个或者几个,就已经发挥了游戏自身的价值。

第二节 幼儿园游戏的分类

幼儿园的游戏是多种多样的,对于游戏的分类方法也是各不相同,今天我们着重介绍三种关于游戏的分类方法。

一、从游戏的教育功能划分

按游戏的教育功能划分,一般把游戏分为两大类:创造性游戏和有规则游戏。创造性游戏是幼儿主动地、创造性地反映现实生活的一种游戏,这类游戏主要由幼儿自己玩,注重发挥幼儿的主动性和创造性。[①] 创造性游戏包括角色游戏、表演游戏和结构游戏。[②] 角色游戏是幼儿通过扮演角色,通过模仿、想象,创造性地反映现实生活的一种游戏,比如过家家、小医院、小超市、理发店、交通岗等。表演游戏是指儿童按照童话或故事中的情节扮演某一角色,再现文化作品的内容的一种游戏形式,比如《白雪公主》《小红帽》的表演。结构游戏是指儿童操作各种结构材料,来构造物体的一种游戏。

有规则游戏是成人在幼儿自发游戏的基础上,为实现一定的教育教学目的而编制的游戏、有一定的规则和玩法。[②] 有规则游戏一般是由游戏的任务和目的、游戏玩法、游戏的规则及游戏的结果构成。有规则游戏包括智力游戏、体育游戏和音乐游戏。[②] 智力游戏是指把智育因素和游戏形式结合起来,以生动有趣的形式使幼儿在自愿的、愉快的活动中增进知识、发展智力的游戏,比如棋类游戏。体育游戏是指以发展基本动作为主要任务的游戏,比如"老鹰捉小鸡"。音乐游戏是指以发展幼儿音乐感受能力为目标,在音乐伴奏或歌曲伴唱下进行的游戏,比如"丢手绢"。

二、学前儿童认知特点划分

依据儿童认知特点可以把游戏划分为四类:一是感觉机能性游戏,又称练习性游戏、机械性游戏,它是儿童发展中最早出现的一种游戏形式,其动因来自感觉器官获得的快感,由简单的重复运动组成,如奔跑、跳跃、攀登、敲打、摆弄物体等。随着儿童年龄的增长,这类游戏所占的比例逐渐下降。二是象征性游戏,象征性游戏是处于前运算阶段(2~7岁)儿童常进行的一

① 邱学青.学前儿童游戏[M].南京:江苏教育出版社,2008:97.
② 黄人颂.学前教育学[M].北京:人民教育出版社,2009:218.

类游戏,它是把知觉到的事物用它的替代物来象征的一种游戏形式,比如把一根捆子当作马来骑、当作机枪来扫射。随着儿童年龄的增长和知识经验的不断丰富,儿童的象征功能也在不断发展。三是结构性游戏又称建构游戏或造型游戏,是儿童运用积木、积塑、金属材料、泥、沙等各种结构材料进行建构或构造。四是规则性游戏,这是一种由两人以上参加的,按一定规则从事的游戏,规则可以由成人事先制定,也可以根据故事情节要求的,还可以是儿童按照自己假设的情节自己规定的。这类游戏一般在4~5岁以后发展起来。[①]

三、游戏的社会性特点划分

依据游戏的社会性特点可以把游戏划分为四类:一是独自游戏,独自游戏是指儿童独自玩耍、尚且没有玩伴意识时期的一种游戏形式。处于独自游戏阶段的儿童往往旁若无人,自己玩自己的玩具,独自游戏一般出现在出生后头两年内。二是平行游戏,这类游戏是一种两人以上在同一空间里进行的,以基本相同的玩具玩着自己的独自游戏,这类游戏是3~4岁幼儿在社会性发展角度的主要游戏形式。比如在建构区,两个小朋友都在搭积木,但是没有合作的行为,也没有共同的目的,各自完成各自的游戏行为。三是联合游戏,又称分享游戏。它是由多个儿童一起进行同样的或类似的游戏,没有分工、没有共同的目标。游戏过程中,儿童可能会相互交换材料、发生互动,但是每个人仍然是以自己的兴趣来游戏的,这是4~5岁幼儿在社会性发展角度的主要游戏形式。四是合作游戏,这是一种较高级的游戏形式,是一种有着共同需要、共同计划、共同协商来完成共同任务目标的游戏形式。通俗讲,就是大家在一起共同完成一件事情,这是5~6岁幼儿在社会性发展角度的主要游戏形式。[②]

① 董旭花.幼儿园游戏[M].北京:科学出版社,2009:19-22.
② 董旭花.幼儿园游戏[M].北京:科学出版社,2009:18-19.

第三节 幼儿园游戏的影响因素

熟悉幼儿园教育的老师会发现一些共性的问题:经常去"娃娃家"做游戏的大多数是女孩,而出现在"建构区"的往往是男孩? 在丰富的游戏材料区,孩子们每天都玩得特别高兴? 在拥挤的游戏总是"战争"不断?

要想解决这些问题,有必要了解幼儿游戏的影响因素,从而为其提供适当的帮助。下面从物理环境、社会环境、幼儿个体差异三个方面对幼儿游戏的影响因素进行分析。

一、幼儿园游戏的影响因素

1. 物理环境会对游戏产生影响

游戏的材料、游戏时间及游戏场地这些客观条件都会影响幼儿游戏的质量和水平。游戏材料是幼儿的玩具和操作材料,材料的差异会引发幼儿不同的游戏。首先,材料的种类不同,引发的游戏种类也不同。如积木、积塑类玩具引发结构游戏;球类玩具、跳绳、哑铃、呼啦圈等体育类玩具引发体育游戏。其次,玩具的搭配不同也会影响幼儿游戏的形式。比如,同样是过家家的游戏,如果仅为幼儿提供炊具和餐具,幼儿的游戏行为多倾向于围绕这些物品开展,如切水果、做饭;如果再为幼儿提供娃娃,幼儿的游戏行为会更多地倾向于人与人之间的交往关系,比如,妈妈会与爸爸进行交流,"咱们给娃娃喂饭吧,她饿了,总是哭,你抱着她,我去盛饭。宝宝不喜欢吃,怎么办? 是不是病了? 给她量量体温吧。"

游戏是幼儿的权利,幼儿园一定要保障幼儿享有充分的游戏时间。《幼儿园工作规程》明确规定,幼儿园的幼儿每天户外活动的时间不能低于 2 小时,寄宿制幼儿园不能低于 3 小时。除了户外活动时间,还应有室内游戏时间。在幼儿园应该既有较长的游戏时间,又有短暂的游戏时间。

幼儿游戏场地是室内还是室外、空间密度、游戏场地的类型等,都会对游戏产生影响。幼儿在室外会更多地开展一些锻炼大肌肉、平衡能力的体育类游戏;而在室内,由于空间场地的限制,更多进行的是一些操作类、益智类游戏活动。另外,空间密度对幼儿的游戏也会产生影响,空间密度是指游戏环境中可供每个幼儿使用的空间大小,数值越低表示空间越拥挤。按照我国制定的幼儿园空间标准,室内人均不少于 $2m^2$,室外人均不少于 $4m^2$。空间密度过低,意味着拥挤程度增加,幼儿会有更少机会进行大运动游戏。

2. 社会环境因素对游戏的影响

幼儿的家庭环境、幼儿园环境也会对游戏产生影响。良好的亲子关系会促使父母和幼儿之间出现更为丰富和多样的游戏。在亲子游戏开展过程中,幼儿享受到了游戏的乐趣,并促进了双方良好情感关系的发展。良好的师幼关系使幼儿在幼儿园感到安全,对教师充满信任感,在一个感到安全和信赖的地方,幼儿才能积极地探索环境、开展游戏,并接受教师的指导和建议,提高游戏水平和创造能力。幼儿有没有同伴决定着游戏的种类,没有同伴时,幼儿喜欢开展单独游戏;而有同伴时,幼儿进行合作游戏、表演游戏的机会要多一些。另外,幼儿接触的大众传播媒介,比如动画片、图画书等,也会对幼儿的游戏内容、游戏形式产生影响。

3. 幼儿个体差异对游戏的影响

幼儿的性别、年龄、情绪等这些个体因素会影响游戏的质量。性别的差异主要表现在不同性别的幼儿对玩具种类的选择、对游戏活动类型的选择、对游戏主题的选择等方面。比如女孩喜欢娃娃、小动物;男孩更喜欢玩枪、车、机器人等。此外,性别差异还会影响游戏活动的类型和游戏主题,男孩子更喜欢玩运动性、力量型或者速度型的游戏,比如追逐游戏、战斗游戏;女孩子则更喜欢相对安静、对精细动作要求较多的游戏,像"娃娃家"、折纸、挑毛线绳、跳皮筋等游戏。

幼儿的年龄不同,其认知能力、运动能力、语言表达和社会交往能力都有差异,因此会开展不同的游戏活动。小班的幼儿,彼此之间还不熟悉,既缺乏主动交往的意识,也缺乏交往的技能,同时也不能非常清楚地表达自己的想法,这个阶段的幼儿更多地进行平行游戏。到了大班,社会交往经验的丰富和语言表达能力的提高,幼儿逐渐学会了相互合作,开展合作性游戏就是大班幼儿的需要。

幼儿的健康状况不同、情绪状态不同,选择的游戏也会有差异。如患有先天性心脏病或哮喘的幼儿,不宜进行一些活动量大的游戏;正常幼儿有时也会染上感冒、咳嗽,也可能短时间内对游戏不感兴趣,或只参加活动量较小的游戏;身体疲劳、睡眠不好、饮食不好等也会影响儿童游戏的开展。

二、幼儿园游戏的条件创设

基于以上影响幼儿游戏的诸多因素,为了保证游戏的顺利开展以及游戏质量最优化,幼儿园要创设幼儿园游戏的基本外在客观条件。

1. 提供充足的游戏时间

在幼儿园的一日生活中,应提供给幼儿充足的游戏活动时间,上午、下午可有较长的游戏时间,也可有较短的游戏时间,如早晨入园时间、活动间隙时间等。

2. 创设充足的游戏场地

幼儿园的室内外都应该有游戏的场所,理想的室内活动室面积应尽可能大些,桌椅等设备的摆放要适用合理,留出固定地方供儿童做游戏、摆放玩具,以保证儿童游戏的顺利进行。室外的游戏场地也是必需的,一些大动作游戏大都在户外进行。

3. 配备玩具和游戏材料

玩具和游戏材料可以引发幼儿的游戏行为,有着重要的教育功能。它们是幼儿游戏的工具,也是幼儿学习的工具,为幼儿选择的玩具和游戏材料应符合专业的标准和要求。

总之,为了保证幼儿在游戏中获得高质量发展,幼儿园应当因地制宜创设游戏条件,提供丰富、适宜的游戏材料,保证充足的游戏时间,开展多种游戏。

第四节 幼儿园游戏的指导时机和方法

幼儿的游戏是否需要成人的指导? 或者说教师介入幼儿游戏是否有必要? 支持者认为成人参与儿童游戏可以丰富儿童的游戏经历,提升游戏品质。而反对者则认为成人参与游戏会破坏或抑制儿童的游戏活动,减少儿童通过游戏学习的机会(表7-2)。可见,对于教师是否有必要对儿童游戏进行指导这个问题还存在争议。

表7-2 教师赞成或反对介入幼儿游戏的缘由

教师应该介入幼儿游戏	教师不应该介入幼儿游戏
理由: 1. 增强幼儿与成人的依恋关系 2. 增强幼儿对游戏的兴趣、专注力及持续性 3. 提升游戏品质(引导儿童参与更高水平的社会性游戏和建构游戏) 4. 增加同伴互动,提高同伴互动质量	理由: 1. 抑制幼儿按照自己意愿进行游戏的能力 2. 减少幼儿在游戏中探索发现、解决问题、承担风险及进行同伴交往的机会 3. 阻碍幼儿创造力的发挥,干扰游戏的进行

有学者认为,尽管积极和消极影响都存在,但是教师介入幼儿游戏还是有必要的,我们所需要做的就是如何最大限度降低消极影响。因此问题的关键不在于成人该不该介入到游戏中,而是成人如何有效地介入游戏中。[①] 当然,教师介入幼儿游戏既有正面影响,同时也有负面影响。问题的关键是教师如何介入幼儿游戏,以何种方式进行介入,介入时机是否恰当,以及如何有效运用游戏指导策略。

---

① 方钧君.幼儿游戏[M].上海:上海交通大学出版社,2017:89.

一、幼儿园游戏指导的时机

要判断什么时候是介入幼儿游戏的最佳时机往往是非常困难的事情。我们有时候发现等待非常必要，因为儿童会自己解决游戏中遇到的各种难题，而无须成人告诉他们怎么去做。但有时候等待也会让人错失良机。有学者认为，教师干预幼儿游戏的时机主要取决于两个因素：一是儿童的客观需要；二是成人的主观心态和状态。[①]

(一)教师不应该介入游戏的时机

儿童的游戏行为是否顺畅？是否有获得帮助的需求？这主要考虑的是儿童的客观需要。假如遇到以下三种情况，教师最好不要介入，以免干扰幼儿游戏(表7-3)：①幼儿正彼此玩得起劲，并使用丰富的语言与各种方法解决问题时。②幼儿正陷入思考中，或积极地进行高层次的游戏时。③幼儿不愿意让教师参与时。[②] 上述这三种情况，反映出儿童游戏并不需要成人的干预。

表7-3　教师不该介入幼儿游戏的时机

儿童的客观需要	成人的主观心态和状态
1. 幼儿正彼此玩得起劲，并使用丰富的语言与各种方法解决问题时 2. 幼儿正陷入思考中，或积极地进行高层次的游戏时 3. 幼儿不愿意让教师参与时	1. 教师情绪不佳，或感觉劳累时 2. 介入可能会影响或打断幼儿的游戏、抑制幼儿的独立探索时 3. 以为介入游戏是一种对儿童的责任时 4. 不能享受和幼儿共同游戏的乐趣时

成人是否具备投入儿童游戏的热情和精力？这主要考虑的是成人的主观心态和状态。假如遇到以下四种情况，教师千万不要去参与儿童的游戏：

---

① 约翰逊,等著.游戏与儿童早期发展[M].华爱华,郭力平译.上海:华东师范大学出版社,2006:233.

② 华爱华.幼儿游戏理论[M].上海:上海教育出版社,2006:233.

①教师情绪不佳,或感觉劳累时;②介入可能会影响或打断幼儿的游戏、抑制幼儿的独立探索时;③以为介入游戏是一种对儿童的责任时;④不能享受和幼儿共同游戏的乐趣时。① 上述四点集中概括了教师的主观状态不佳,此时干预幼儿游戏会适得其反。

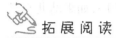 拓 展 阅 读

什么时候不要参与儿童的游戏?

什么时候不要参与儿童的游戏,Sutton-Smith 对此向家长们提出了很好的建议:

"有的时候你不要和你的孩子一起游戏,例如,当你感觉到你的参与是对孩子游戏的一种干扰(以及你可能是一种干扰)时,当你觉得参与是一种责任(一种只为孩子们好的责任)时,或者当你有太多牢骚、心事重重,或者太累了无法享受参与游戏的乐趣时。"

【资料来源】约翰逊,等著.游戏与儿童早期发展[M].华爱华,等译.上海:华东师范大学出版社,2006:233.

(二)教师应该介入游戏的时机

一般来说,当幼儿呈现以下几种情况时,教师应该及时介入,为幼儿游戏提供有效指导:①幼儿遇到困难、挫折,即将放弃游戏意愿时。②幼儿在与环境的互动中产生认知冲突时。③游戏中产生不安全的因素时。④幼儿主动寻求帮助时。⑤游戏中出现不利于游戏开展的过激行为时。⑥游戏中出现消极内容时。②

对于教师介入游戏的时机,笔者所在团队也进行了相关研究,我们认为以下几种情况,教师应该及时介入:①当必要的游戏秩序受到威胁时。②在

---

① 董旭花.幼儿园游戏[M].北京:科学出版社, 2009:83.
② 丁海东.幼儿园游戏与指导[M].北京:高等教育出版社,2013:146.

游戏内容发展或游戏技能方面发生困难时……下面简要呈现我们的研究成果。[①]

1.当必要的游戏秩序受到威胁时

中班的幼儿喜欢与同伴交往,然而,幼儿之间常常会因为游戏而发生冲突,产生矛盾,影响正常的游戏秩序,导致游戏无法正常开展,如果幼儿自己解决不了这些矛盾,教师则进行介入。

 案例

水果超市里的纠纷

中一班几个小朋友在角色区玩起了"水果超市"的游戏,这个时候,A幼儿来到"水果超市"买水果,选好了自己要买的水果却找不到人称重,收银区也没有人搭理A幼儿,此时,A幼儿有些生气了,大声地喊道:"这是什么超市啊,一点都不好,我要打电话投诉你们",但是依然没有人搭理A幼儿,B幼儿说"那你投诉吧",这个时候,A幼儿更加气愤了,把"水果"摔到桌子上,教师观察到这个情况之后说:"这位买水果的小顾客要投诉你们了,你们应该怎么办啊,你们的水果超市没有人称重吗?收银员去哪了呢?"B幼儿走过来说:"我是收银员,你先去C幼儿那里去称水果了再给我钱",A幼儿依然说要投诉水果超市,教师对A幼儿说:"收银员已经在了,你先去称水果吧",A幼儿没有说话,开始继续买水果的游戏情节。

在观察这个游戏的过程中发现,没有人回应A幼儿买水果的情节,导致他很气愤,所以后面也一直在大声说要投诉水果超市,B幼儿听到要被投诉,有些不满。整个过程中,教师没有立即介入,而是当矛盾越来越严重,A幼儿把水果摔到桌子上的时候,教师立刻介入到幼儿的角色中去帮助幼儿化解了这场水果超市里的矛盾,教师的介入既有效地解决了幼儿之间的矛盾,也没有破坏幼儿的游戏情境。

---

① 选自2017级学前教育专业学生杨碧玉的本科毕业论文:幼儿园中班角色游戏教师介入指导研究.

2.在游戏内容发展或游戏技能方面发生困难时

有时候幼儿在进行的角色游戏中并没有找到感觉,无角色情节,只是单纯的玩着材料,出现这种情况,可能是因为幼儿前期经验的不足,也可能是幼儿对他选择的材料感到新奇,笔者在观察中发现,中一班幼儿在进行角色游戏时,出现了幼儿单纯玩材料的情况。

 案例

小厨师

在角色主题"饭店"里,小朋友们高高兴兴的进入区角,看到各种新奇的材料,都争着要拿材料,无疑幼儿对这些材料很感兴趣,但时间过去了几分钟都没有人进入角色中去,只是把注意力集中在了材料上,各自摆弄着自己拿到的食物材料。就在这个时候,主班老师以吃饭的"客人"角色介入幼儿的游戏中去,于是有了以下的对话:

教师:老板,我想吃饭,请问你们这里有些什么菜呢?有菜单吗?

(主班教师的话刚说完,就有一个幼儿跑到教师的面前给她介绍菜单)

幼儿:你好,我们有好多菜,你要吃什么?

教师:先给我看一下菜单吧。

(幼儿这个时候拿过来一本道具菜单给教师,但是不太清楚下一步要干什么)

教师:我要一个土豆丝和豆腐汤,谢谢。

幼儿:好的,我们先去炒菜

(这时,"饭店"角色区的几个幼儿开始分配角色,谁切菜,谁炒菜,谁端菜……"客人"吃好饭付钱之后自然地退出了游戏)

在这个"小厨师"游戏中,教师先是观察到幼儿进入角色区之后没有进入游戏,只是在摆弄自己的食物材料,然后以吃饭"客人"的身份介入幼儿的游戏,成功地将幼儿带到了"饭店"的情景中,这时教师的介入时机是合适的,能成功地引导幼儿进入角色情景。

二、幼儿园游戏指导的具体方法

游戏指导,是指教师直接或间接介入幼儿的游戏从而对幼儿的游戏施加影响的行为。[1]有学者根据教师在游戏过程中影响活动的方式,把介入游戏的方式分为以下三种:平行式介入、交叉式介入、垂直式介入。[2]

(一)平行式介入

平行式介入指教师在幼儿附近,通过模仿幼儿的游戏(教师玩和幼儿相同的材料或游戏情节),来对幼儿施加影响。[3] 这种指导方法的特点是,教师不直接与幼儿的游戏发生互动,不参与幼儿的游戏,意在给幼儿提供榜样和示范,从而达到指导的目的。

 案例

搭高楼

一个男孩在用积木搭"大高楼",但他把小块积木放下面、大块积木放上面,因此"大高楼"总也搭不高、"站不稳"。在这种情况下,教师坐到他身旁,也拿一堆积木来搭"大高楼", 一边搭一边说:"我把大积木放在下面,小积木放在上面,这样我的大高楼就搭得高了。"

在建构游戏"搭高楼"中,教师观察到幼儿由于建构技能的欠缺,无法成功搭建"高楼"后,教师直接在幼儿旁边给幼儿示范搭建"高楼"的玩法。此时,教师并不与幼儿发生言语上的互动,只是给幼儿提供榜样和示范,从而达到指导的目的。

(二)交叉式介入

交叉式介入指教师主动参与或幼儿邀请教师参与游戏,教师通过在游戏

---

① 邱学青.幼儿园游戏指导[M].北京:人民教育出版社,2015:12.
② 邱学青.学前儿童游戏[M].南京:江苏教育出版社,2008:163.
③ 董旭花.幼儿园游戏[M].北京:科学出版社,2009:83.

情景中与幼儿发生言语或材料互动,达到指导游戏的目的。① 这种指导方法的好处在于,共同游戏的体验增加游戏的乐趣,同时也能塑造孩子的游戏行为。

 案 例

小医生②

在角色区里,中一班的几个幼儿玩起了医院的游戏,但只是各自玩着自己的医疗道具,没有进行合作也没新的游戏行为。此时,教师介入幼儿的角色游戏中。

教师:医生,医生,我肚子好痛呀。

幼儿A:你怎么了?

教师:我肚子痛,请问哪里可以挂号呢?

幼儿A:挂号在这边,我带你过去吧!

幼儿B:你怎么了?

教师:我肚子痛,给我挂个号吧。

幼儿B:好的。

教师:医生,我的肚子好痛,请你给我看看吧。

幼儿C:好的,你先张开嘴巴,我看一下吧

教师:医生,我需要拍片子吗?

幼儿C:是的,要拍片子。

(教师到幼儿D那里拍好片子之后回到医生那里,继续游戏)

教师:医生,你看看我是怎么了。

幼儿C:你是消化不良才肚子痛的。

教师:那我要吃什么药? 在哪里缴费呢?

幼儿C:嗯,你要吃健胃消食片,在挂号旁边缴费。

教师:好的,谢谢医生。(接着其他"病人"也来看病了)

---

① 邱学青.学前儿童游戏[M].南京:江苏教育出版社,2008:163.
② 该案例选自2017级学前教育专业学生杨碧玉的本科毕业论文:幼儿园中班角色游戏教师介入指导研究.

在这个"小医生"游戏中,教师发现幼儿的游戏情节没有新行为而单一时,以"病人"的角色介入游戏中,与"医生"们进行互动,通过互动,让幼儿清楚了解自己角色应该做什么,逐步提示幼儿"看病"的基本流程,巧妙地以"病人"的角色介入游戏,又以开药缴费巧妙地退出了幼儿的游戏,这样的介入方式没有打断幼儿的游戏,使幼儿可以继续将游戏玩下去。可见交叉式介入的方式对丰富和拓展游戏情节,提升幼儿游戏质量,具有明显的价值。

(三)垂直式介入

垂直式介入指直接以教师的身份进行外在干预,对幼儿游戏产生影响。① 这时候,教师并不是以游戏者身份直接参与游戏,而是以成人的角色直接比照现实,对幼儿游戏进行指导。这种方式很容易破坏幼儿的游戏气氛,打断游戏,因此,一般情况下不宜多用。

 案例

"开奖"游戏②

大班的洋洋想玩"开奖"游戏,他画了很多奖券,还大声叫嚷:"快来摸奖呀! 特等奖自行车一辆!"童童在洋洋那里摸到了特等奖,洋洋推给她一把小椅子,告诉她:"给你,自行车!"童童高兴地骑上去。强强也来了,也在洋洋那里摸到了特等奖,洋洋还是推给他一把椅子,强强也很高兴地骑上去,两脚模仿着踩踏板的动作蹬个不停。老师也来了,洋洋高兴地让老师摸奖。结果老师也摸到一个特等奖。洋洋迫不及待地把椅子推给老师,还说道"恭喜恭喜、你摸到一辆自行车!"

可是,老师却说:"你这自行车一点也不像,怎么没有轮子呀,应该给它装上轮子!"洋洋低头看看自己的"自行车",愣住了。在接下来的时间里,洋洋忙着按老师说给他的"自行车"装上轮子,开奖活动不得不停了下来……

---

① 邱学青.学前儿童游戏[M].南京:江苏教育出版社,2008:163.

② 本案例节选自"2011年下半年教师资格证考试幼儿保教知识与能力真题"。

在上述"开奖"游戏中,当教师摸到"特等奖"后,幼儿把"特等奖"的礼品——椅子奖励给老师,期待老师骑完自行车的游戏,此时该教师以成人的身份,直接比照现实,对幼儿提供的奖品提出质疑,从而破坏了游戏气氛,导致游戏终止。

以上三种游戏介入法各有其适用的范围和条件,教师应该根据具体情况进行选用(表7-4)。有学者认为平行式介入和交叉式介入属于内在干预,而垂直式介入属于外部干预。[①] 有研究认为,内部干预更能帮助儿童建立游戏技巧,提升游戏质量。因为成人以游戏者的身份参与其中,其行为更能影响幼儿的游戏过程。但不论采用内部干预还是外部干预,关键是要看游戏的需要以及儿童的年龄特点。一般而言,年龄越小,越适宜通过内部干预来塑造幼儿的游戏行为;年龄越大,越适宜于通过外部干预为幼儿提供可以自主选择的行为方案。[②]

表7-4 三种游戏介入方式的比较[③]

	平行式介入	交叉式介入	垂直式介入
扮演角色	教师以平行角色的身份参与(教师和幼儿各玩各的,两者之间缺乏互动和交流,属于平行游戏)	教师以交叉角色的身份参与(教师和幼儿互动交流频繁,属于合作游戏) 可以充当两种角色: ①配角:教师根据幼儿的游戏行为做出反应 ②主角:担任主导性角色,丰富拓展游戏情节的内容	教师身份

① 丁海东.幼儿园游戏与指导[M].北京:高等教育出版社,2013:149-155.
② 方钧君.幼儿游戏[M].上海:上海交通大学出版社,2017:102-103.
③ 邱学青.学前儿童游戏[M].南京:江苏教育出版社,2008:163.

续表7-4

	平行式介入	交叉式介入	垂直式介入
适用范围	1.当幼儿不会操作游戏材料、游戏情节过于单一或缺乏创新时。（幼儿对新玩具不感兴趣，或不会玩，或只喜欢玩某一类游戏时。）2.这种方式常用于建构游戏与表演游戏的指导，效果显著	当教师发现幼儿在游戏中存在某种困难或游戏开展不下去时，可以以某种游戏角色的方式参与进来引导幼儿思考解决方法或新的游戏开展方向	1.在特定情况下，如幼儿在游戏中出现严重地违反规则、出现攻击性等危险行为时，教师则以教师的身份直接进行指导，对幼儿的行为进行直接干预 2.有时，教师也可以以教师身份引导、说明、建议、鼓励游戏中幼儿的行为，包括游戏情节、角色扮演、想象转换等

 拓 展 阅 读

内部介入好? 还是外部介入好?①

1. 外部干预是指成人在指导游戏时，并不直接参与游戏，而是以一个外在的角色，引导、说明、建议、鼓励游戏中的幼儿的行为。

2. 内部干预是指成人以游戏中的角色身份参与幼儿的游戏，以游戏情节需要的角色动作和语言来引导幼儿的游戏行为。

3. 有人认为，内部干预更能帮助儿童建立游戏技巧，因为成人以游戏者的身份参与其中，其行为更能影响幼儿的游戏过程。但不论采用内部干预还是外部干预，关键是要看游戏的需要以及儿童的年龄特点。一般而言，年龄越小，越适宜通过内部干预来塑造幼儿的游戏行为;年龄越大，越适宜于通过外部干预为幼儿提供可以自主选择的行为方案。这与幼儿的认知发展水平以及生活经验有关，年纪比较大的幼儿拥有了一定的生活经验，教师直接参与的较少，只是偶尔给予一些建议，幼儿会有自己的想法。

---

① 方钧君.幼儿游戏[M].上海:上海交通大学出版社,2017:100-103.

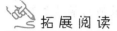 拓展阅读

两种干预方式的选择①

游戏一开始,教师帮助幼儿确定自己在活动中的角色,在和幼儿商量之后,给扮爸爸的强强戴上了一根领带,给扮妈妈的玲玲系上一条围裙。另外,军军和兰兰自愿做孩子。

军军坐在小餐桌旁,玲玲(即"妈妈")拿着小碗、小勺给兰兰喂饭,兰兰很乖地大口吃着"饭"。强强(即"爸爸")也学着她的样子,让军军坐在小餐桌旁,他喂军军吃饭。

在重复了约5分钟喂饭动作之后,"爸爸"和军军觉得没劲儿,军军拿起厨房里的锅子、刀玩了起来,"爸爸"生气了,大叫说:"小孩子怎么能弄呢?别弄。"可军军不睬他,于是两个人抢了起来,推来推去……

干预方式一:外部干预

教师走过来说:"你们怎么了,这样可不行。宝宝想玩,到哪儿去玩呢?"

强强("爸爸")说:"我们去超市买玩具吧。"

玲玲("妈妈")和兰兰也马上有了兴趣,纷纷嚷者说:"我也去。"于是,一家子都跟着去超市买玩具去了。

干预方式二:内部干预

教师主动说:"我也想玩娃娃家,我来当外婆,好不好?"

幼儿看到教师也来参与游戏,十分高兴,都围过来说:"外婆快来,快来吧!"

教师外婆用商量的口吻和幼儿说"我好渴啊?好想喝水,谁来倒茶啊?"外婆又问:"宝哭了,谁来照顾宝宝?""厨房里的碗没洗,谁来洗?"强强、玲玲抢着说:"我来,我来。""宝宝别哭,别哭。"

---

① 方钧君.幼儿游戏[M].上海:上海交通大学出版社,2017:103-104.

【案例点评】小班幼儿的角色扮演意识往往需要在教师的帮助之下得以明晰,从而推动游戏情节的发展。如在观察实录中幼儿玩"娃娃家"的游戏,开始他们只是拿碗、勺子重复喂饭这些动作。但这些动作重复持续约几分钟后,幼儿不能自主地发展活动内容,就出现了后来的两名幼儿互相争抢娃娃家材料打架的攻击性行为。这时教师及时地干预,介入幼儿的游戏,引导幼儿丰富游戏的内容,从而促进游戏情节的进一步发展,生成新的游戏兴趣点。

从两种不同干预方式后幼儿游戏的表现来看,两种干预都起到了效果——幼儿之间的争执得以解决;同时,幼儿的游戏行为从原来"喂饭单一动作的重复模仿"转换到"一起去超市买玩具"的角色游戏,游戏类型发生了变化,游戏的内容丰富了。

但比较两种干预后幼儿的表现,我们还是能够发现有所不同。外部干预在解决了幼儿争执以及游戏进展的问题之后,又出现了新的问题—— 一家子"一窝蜂"地都去了超市,家里没有人了。

而在内部干预中,小班幼儿看到教师和他们一起成为游戏伙伴时格外兴奋,情感上得到了一定的满足;另外,教师以"外婆"这一配角身份参与到游戏之中,可以细致地观察、了解"娃娃家"中幼儿游戏的现状和存在的问题,并能根据当时的游戏需要,以角色身份提出富有启发性的问题,给幼儿建议。在帮助幼儿进行简单的角色分工的同时,进一步巩固加深幼儿的角色意识,促进了游戏情节的发展。

第八章

幼儿园教学活动

幼儿园教学活动是幼儿园一日活动的重要组成部分,教师在开展教学活动时想讲究科学性、艺术性,要关注教师和幼儿在教学过程中共同意义的建构。

第一节 幼儿园教学活动的内涵及特点

教学活动是幼儿园教育活动的重要组成部分,是教师在一定时间内有目的、有计划、有组织开展的教育活动。教学活动强调主体的双边性,实施过程的艺术性,教学结果的有效性。

一、教学的内涵

"教学"是教学理论中的一个基本概念,对"什么是教学"的理解,影响着教学理论的价值取向和教学实践的工作重点。因此对"教学"这一概念进行词源分析,不仅有助于构建符合逻辑的价值理论体系,还有利于有效地指导教育实践。

(一)汉语中的"教学"词源分析

在我国,早在商朝(公元前 29 世纪左右),甲骨文中已经出现了"教"字,

即"教"。例如,"丁酉卜,其呼以多方小子小臣其教戒。"①甲骨文中也有了

"学"字,即"学"。例如,"壬子卜,弗酒小求,学。"②"教学"二字连用,始见

于《尚书·商书·说命》:"学学半。"《学记》引用它作为"教学相长"思想的
经典依据,特别用来说明"教然后知困""知困然后能自强也"。宋人蔡沈注:
"学,教也。……始之自学,学也;终之,教人,亦学也。"意思是说,一开始自
己学,这当然是学;而学了以后去教别人,这也是学。《学记》一开始就说"建
国君民,教学为先"。这里,"教学"一词可以解释为含有教者和学者双方活
动的意思。据有的学者考证,宋代欧阳修作胡瑗先生墓表,说:"先生之徒最
盛,其在湖州学,弟子来去常数百人,各以其经传相传授,其教学之法最备,
行之数年,东南之士,莫不以仁义礼乐为学。"其中"教学"二字,才是正式指
教师"教"和学生"学"。③

(二)英语中的"教学"词源分析

在英语中,涉及教学的单词有 teach(教)、learn(学)、instruct(教导)。其
中,teach 和 learn 是由同一词源派生出来的,只不过 learn 与所教的内容相互
联系,teach 与使教学得以进行的媒介相互联系。研究者认为,前者多与教师
的行为相联系,作为一种活动;后者多与教学的情境有关,作为一种过程。
但是大多数西方的研究者采取的前者为"教学"。④

美国教育学家史密斯把教学的含义归为五类:①描述式定义,即传统意
义上的教学,如传授知识或技能;②成功式定义,即作为成功的教学,如 X 学
习 Y 所教的东西的一种活动;③意向式定义,即作为意向活动的教学,如受
教师的信念体系和思维方式影响的行为;④规范式定义,即作为规范性行为
的教学,如符合特定道德条件的活动;⑤科学式定义,即以 $a = df(b, c, \cdots)$ 来

① 孟宪承,陈学恂,张瑞璠,等.中国古代教育史资料[M].北京:人民教育出版社,
1961:15.

② 沈灌群.中国古代教育和教育思想[M].武汉:湖北人民出版社,1956:5.

③ 孙邦正.普通教学法[M].台北:国立编译馆,1977:27-28.

④ 施良方,崔允漷.教学理论:课堂教学的原理、策略与研究[M].上海:华东师范
大学出版社,1999:8.

表示的命题组合定义,其中 a 表示"教学是有效的",(b,c,…)表示"教师做出反馈""教师说明定义规则并举出正反两方面的实例"等命题的组合,＝df 表示"随着命题之间的微小变化,a 将发生变化。"①

(三)教学的内涵

教学是教师的教和学生的学所组成的一种人类特有的教育活动,教师和学生构成了教学的两大主体。理解教学的概念可以从以下几个方面入手。

(1)教和学是两个不同的概念。在课堂教学中,教和学是两种不同性质的活动。教主要是教师的行为,是一种外化的过程,主要是教学理论、教学心理学研究的对象。学主要是学生的行为,是一种内化的过程,是学习理论、学习心理学研究的对象,教与学之间是存在差异的。

(2)教与学是相互关联的活动。教与学相互依赖、互为基础。在课堂教学中,教师的教是建立在学生学的基础上的,学生的学又反映出教师教的水平,两者互为依存,是在同一过程中实现的。

(3)教学过程是师生双边的活动。在教学过程中,教师是教的主体,担负着组织者、引导者、促进者的职责;学生是学的主体,在教学过程中具有独立自主性。教师和学生之间的关系就是主体和主体之间的关系,教与学是教学过程中双边的活动。

二、幼儿园教学活动的内涵

《幼儿园教育指导纲要》(简称《纲要》)中指出:"幼儿园的教育活动,是教师以多种形式有目的、有计划地引导幼儿生动、活泼、主动活动的教育过程。"幼儿园教育活动包括在幼儿园发生的游戏活动、教学活动、生活活动、运动活动等,教学活动是幼儿园教育活动中重要的组成部分。根据教学的内涵及幼儿园教育活动的定义可以总结出幼儿园教学的内涵,幼儿园教学活动指教师依据一定的教育目标、教育计划,通过与幼儿的互动,有目的、有

---

① 袁振国.当代教育学[M].北京:教育科学出版社,2005:162.

计划地组织、支持、帮助、引导幼儿积极主动的认识世界,获得全面发展的双边活动过程。

三、幼儿园教学活动的特点

《纲要》指出"教育活动内容的组织应充分考虑幼儿的学习特点和认识规律,各领域的内容要有机联系,相互渗透,注重综合性、趣味性、活动性,寓教育于生活、游戏之中。"通过对《纲要》内涵的解读,幼儿园教学活动应具有以下几个特点。

1.整合性

幼儿园教学的整合性,就是指把不同类型、不同性质的事物组合在一起,使它们成为一个整体。所以,幼儿园的教学活动要充分协调多种教育资源,利用多种教育途径及形式,结合多个领域内容,发挥多种影响因素。这种整合体现在活动目标,活动内容、资源及活动的方法、形式、手段等各个方面。

2.生活性

幼儿的学习是以直接经验为基础,在游戏和日常生活中进行的。幼儿的学习特点决定了幼儿园的教学活动要考虑生活性。

生活性体现在教学活动内容选择方面。幼儿园的教学活动在内容上要选择符合幼儿学习特点的生活经验,要关注幼儿的现实生活,要注重现有知识与幼儿经验、需要的联系,使教学活动具有生活的气息和价值。

生活性还体现在教学活动的途径、环境及场所方面。幼儿的一日生活、与幼儿有关的社会生活及游戏都是重要的教育资源,是实现教学活动的重要途径;在教学过程中要用接近幼儿生活、贴近幼儿生活情境的方式使幼儿回归到真实的生活背景中,去体验、感受、探究,积累经验;在教学活动场所及环境方面,要突破"活动室"空间,走进"大社会"的空间,这种"大社会"空间包括大自然的场所,即树林、草地、山坡等,也包含博物馆、展览会等德育类教育场所。

3.趣味性

趣味性体现在教学活动中要珍视游戏的价值。游戏是幼儿的基本活动,也是教学活动的重要方式和手段。在教学中要以游戏的方式来组织教学,将游戏与教学有机的结合,以此来激发幼儿学习的积极性。

趣味性还体现在活动环境和材料的丰富多样上。在教学活动中要提供或创新新奇、多变的环境与材料,满足幼儿的好奇心,引发他们的探究欲,促进他们与环境真实有效的互动。

4. 动态性

幼儿园教学活动是围绕幼儿开展的活动,它具有开放性、多变性、复杂性,也充满了创造性。在教学活动中,教师不能用提前预设的目标僵硬的规定限制幼儿的行为,教师要根据幼儿园教学时空的变化、幼儿行为的变化及其他影响教学的因素,运用教学机智、灵活的处理教学中实际发生的情况,创造性地开展教学活动,从而形成教师引导性和幼儿自主性之间的平衡。

5. 主体性

幼儿园教学的主体性是指在教学活动中要充分考虑幼儿在教学活动中的主体地位。幼儿是教学活动的主体,教师的教也是建立在幼儿学的基础上。幼儿是具有独立人格的人,是一个发展中的人,是有发展潜力的人,同时在发展中还具有主观能动性。所以教师在教学设计及教学实施过程中要尊重幼儿的兴趣、需要、个性、自主性方面的特点,充分发挥教师引导者、促进者、合作者的角色定位,促进幼儿主动且富有个性的发展。

四、幼儿园教学活动与游戏活动的关系

1. 教学与游戏二者关系的相关研究

教学和游戏对于幼儿园课程来说都是尤为重要的存在,刘焱教授曾指出,幼儿园教学与游戏之间的关系不外乎两种:“分离平行”和“相互融合”。若二者为“分离平行”时,则幼儿园教学以教师的教为主,而幼儿的学依从于教师的教;若二者为“相互融合”时,则幼儿园教学以幼儿的学为主,教师的教依从于幼儿的学。[①] 林菁将两者关系分为三种:平行互补型、交叉转换型、

---

① 刘焱.幼儿园游戏教学论[M].北京:中国社会出版社,2006:252.

相互融合型。① 朱家雄认为,教学与游戏的关系可分为分离式、插入式和整合式三种:分离式是将教学与游戏完全分开开展;插入式是将游戏插入教学活动中或者将教学插入游戏活动中;整合式是将游戏与教学有机整合,二者你中有我,我中有你,难以辨别。②

2. 处理好幼儿园游戏活动和教学活动之间的关系

处理好幼儿园游戏活动与教学活动之间的关系,取决于每个教育活动中游戏与教学之间如何根据活动目标而达成平衡,即在幼儿生成与教师预设的学习任务之间达成平衡。平衡或不平衡,取决于多种因素,一切以时间、地点和条件为转移。③ 游戏与教学相结合是将游戏融入教学活动当中,在游戏与学习的衔接点上,将游戏与学习有机统一起来。如果游戏与教学单纯相加,这与二者相结合的本质是背道而驰的。幼儿园游戏与教学的结合没有好坏之分,教师必须利用有效的方式,按照实际情况,体现幼儿的主动学习性、生动性、适应性,展现幼儿的兴趣爱好,提高幼儿的能力,发展出具有特色的、科学的游戏教学活动方式。怎样去实现游戏与教学的最优结合,这既是游戏与教学结合的难点,也是对幼儿教师能力的一个考验。

第二节　幼儿园教学活动的原则

幼儿园教学活动原则是依据教育教学活动目的,反映教学规律而制定的指导幼儿园教学工作的基本要求。对教学计划的制订、教学内容的选择、教学方法的使用等都具有重要的指导作用。

一、直观性原则

直观性原则是指依据幼儿思维具体形象性的特点,采用直观的手段,让

---

① 林菁.关于幼儿园游戏与教学整合的几点思考[J].学前课程研究,2007(4):19.
② 朱家雄.幼儿园教育活动设计与实施[M].北京:高等教育出版社,2008:13-17.
③ 朱家雄.幼儿园教育活动设计与实施[M].北京:高等教育出版社,2008:19.

幼儿直接去感知学习对象,从而充分调动幼儿学习的主动性与积极性。

常用的直观手段有实物直观、模像直观及语言直观。实物直观是直接将实物对象呈现在幼儿面前,真实有效地为幼儿提供理解所需要的感性材料;模像直观是指运用图片、模型、幻灯片、录像、录音等手段对实物的模拟,它能弥补实物直观受实际条件影响的缺憾;语言直观是教师运用自己的语言,借助幼儿已有的经验进行语言描述,引起幼儿的感性认识,达到直观的效果。

在贯彻直观性原则时要注意:

(1)根据幼儿年龄、教学内容的不同恰当的选择直观手段。如小班幼儿的直观教具要能响会动、特点突出,大班幼儿尽量选择语言直观。

(2)教师在直观的经验上要给予幼儿总结,从而引导幼儿从感性经验向理性经验发展。

二、发展性原则

为了能使幼儿现有的水平向最近发展区发展,幼儿园的教学活动就必须要能促进幼儿智力、体力、道德、意志、情感等方面的全面发展。发展性原则不只要考虑幼儿的发展,还要兼顾适宜性。

在贯彻发展性原则时要注意:

(1)活动内容要具有可接受性,难易适度。根据幼儿的年龄特点,恰当地把握教学难度,量力而行。

(2)教学内容要结合幼儿自身发展情况由浅入深、由易到难、循序渐进的安排,要注重内容的深度和广度。

(3)要考虑幼儿智力发展水平的差异性,注意因材施教。

三、科学性与思想性相统一原则

科学性与思想性相统一原则是指在向幼儿传授正确的、符合客观规律的知识、观点、技能的同时还要结合幼儿思想的实际,有意识的、自然的向幼儿进行思想品德教育。

在贯彻这一原则时要注意：

(1)活动的内容要科学合理,有利于幼儿形成科学的概念。

(2)要讲究教学的艺术,根据幼儿的学习特点及教学任务的具体特点,自然地将科学性与思想性结合起来,达到润物细无声的效果。

四、主体活动性原则

主体活动性原则要求幼儿园教学活动既要尊重幼儿的主体地位又要通过活动的形式来实现。幼儿是学习活动的主体,具有主动建构性。幼儿的学习离不开直接经验的获得,是在活动中发展起来。

在运用这一原则时要注意：

(1)要想引发幼儿自主地投入幼儿园各类活动中去,教师就要善于最大限度地调动幼儿内在学习的兴趣和动机。

(2)教师要为幼儿提供丰富多样的自主活动,让幼儿在宽松自由的环境中自主学习和探究。

(3)在活动中教师要给予适时的指导,教学活动是教师和幼儿双边性的活动,幼儿的活动离不开教师的指导,教师要充分利用各种教育契机给予幼儿适宜性的指导。

五、全面渗透性原则

全面渗透性原则是指将教育内容和任务渗透到不同领域、不同途径,并与各种不同的学习方式与方法有机的融合,形成一个完整的体系。是高质量实现活动目标的重要要求。

在运用这一原则时要注意以下要求：

(1)教师要有随机教育的意识,要善于利用各种条件对幼儿实施教育。

(2)要注意灵活性,有机渗透。避免要生搬硬套,避免"穿靴戴帽式"的整合。

六、启发性原则

启发性原则是指在教育活动中教师要善于启发诱导,充分调动幼儿学习的主动性和积极性,激发幼儿求知的欲望和探索精神,引导幼儿积极思考,提高幼儿主动获取知识和运用知识的能力。[①]

在运用启发性原则时要注意以下要求:

(1)要善于激发幼儿的积极思维,教师在教学中要采用启发式的教学方法,如提问、比较、观察、创设问题情境等,激起幼儿想象、思维和创造性的智力活动,使他们自觉性的思考。

(2)教师在语言技能运用上要准确、简洁、有趣,设计的提问要有技巧,能做到举一反三。

七、趣味性原则

趣味性原则是指在教学的每个环节都要充满乐趣,寓教于乐,让幼儿在愉悦的气氛中获取知识、发展能力,形成积极乐观的态度。

贯彻这一原则要注意:

(1)根据幼儿的年龄及教学内容的特点,选择适宜的直观手段,增加教学的趣味性。

(2)选的内容及方法要符合幼儿的年龄特点及需要,能引发幼儿的内在学习动力。

(3)幼儿园要以游戏为基本活动,要创设丰富多样的游戏环境,注重教学过程的生动性、活泼性。

除了以上原则外,幼儿园教学活动还应该遵守的原则有动静交替性原则、巩固性原则等,在此就不一一呈现。

[①]　张琳.幼儿园教育活动设计与实践[M].北京:高等教育出版社,2005:46.

第三节　幼儿园教学活动的方法

教学方法是教学活动中的重要因素,包括教师教的方法以及学生学的方法。教学方法种类多样,教师在实施教学过程中可以依据活动目标及教学内容选择适宜的教学方法。

一、幼儿园教学方法的概念

教学方法是幼儿园教学活动中的一个重要因素,是联系教师和幼儿及其课程内容的重要桥梁,教学方法选择是否适宜有效,对幼儿参加教学活动的积极性,活动目标的实现,教学任务的完成,教学的有效性都具有重要的影响。

关于教学方法的理解,学者们有不同的认识。有的认为教学方法是指教学活动中,教师借以进行全面发展教育所采用的方法,它既要考虑教师怎么做,又要考虑幼儿怎样学。[1] 有的认为教学方法是为了达到教学目的,实现教学内容,运用教学手段而进行的,由教学原则指导的,一整套方式组成的,师生相互作用的活动。[2] 还有的认为教学方法是为了完成一定的教学任务,师生在共同活动中采用的工作方式,它既包括教师教的方法,也包括学生学的方法。[3] 这些解释为我们理解幼儿园教学方法提供了启示。

我们认为幼儿园教学方法是指为设计和实施教学活动,完成教育教学任务,达成教学目标,师幼在共同活动中所采用的方法,它既包括教师怎么教的方法,也包括幼儿怎么学的方法。[4]

---

① 黄人颂.学前教育学[M].北京:人民教育出版社,1989:313.

② 王策三.教学论稿[M].北京:人民教育出版社,1985:244-245.

③ 中国大百科全书出版社编辑部.中国大百科全书[M].北京:中国大百科全书出版社,1985:151.

④ 邵小佩.幼儿园课程与教学[M].北京:北京师范大学出版社,2015:253.

二、幼儿园教学的方法

（一）语言类方法

教师通过语言符号,向幼儿阐述事实、描述情境、归纳概念、阐明道理,使幼儿直接获得经验的教学方法称为语言类方法。通常有讲解法、讲述法、谈话法和讨论法。

语言类方法的优点主要是不仅能发挥教师的主导作用,还能使幼儿在较短的时间内获得比较全面的知识。这种方法既可以单独运用,也可以与观察法、游戏法、练习法等配合使用。

1. 讲解法

讲解法是指教师通过口头语言向幼儿解释和说明知识、材料、规定、要求等的教学方法。讲解法通常伴随演示、示范、观察谈话等方法一起使用。讲解法可以帮助幼儿认识事物或现象的主要方面特征,让幼儿学习新知识技能。

教师在运用讲解法时要注意以下几点。

（1）讲解要抓住关键,突出重难点,由浅入深,根据情况可适当重复讲解。

（2）讲解要考虑幼儿的理解能力和经验水平,做到通俗易懂,并能启发幼儿的思维。

（3）讲解的语言要准确、简练、形象、生动,条理要清楚,能引起幼儿的注意。

 案例

蚂蚁出去寻找事物时为什么不会迷路
（大班科学活动）

蚂蚁在集体出洞寻找食物前,会先派一些蚂蚁去寻找,一旦发现了食物,它们就会回洞穴招呼伙伴一起去搬。在爬行的时候,蚂蚁会释放出一种气味,这种气味只有同伴才能闻到,走在后面的蚂蚁闻到这种气味,会紧紧跟住前面的蚂蚁。

此案例主要采用的是讲解法。

2. 讲述法

讲述法是指教师运用口头语言面向幼儿生动的阐述、说明要讲解的教学内容的一种教学方法。常见的有看图讲述、生活经验讲述、情境讲述、续编故事等。

教师在运用讲述法时要注意以下要点。

(1)讲述内容集中、凝练,中心明确,重点突出,突破难点,解决疑点,扣住特点和关键点。

(2)语言准确、简明,感情起伏恰当,条理清晰,深入浅出。

(3)讲述要富有启发性:教师要以启发式的口吻,不要事事做到面面俱到,教师以引导者的身份引导幼儿围绕感知理解的对象进行讲述。

 案例

我来做你的好朋友
（小班语言活动）

教师讲述:秋风轻轻地吹,吹得小树叶都变黄了,秋风轻轻地吹,一片小树叶离开了大树妈妈的怀抱。小树叶飘呀飘呀,飘落到草地上,东看看,西瞧瞧,呀! 妈妈不见了,我怎么办呢?

此案例主要采用的是讲述法。

3. 谈话法

谈话法又称问答法,是指幼儿在教师的引导下运用已有的知识经验回应教师提出的问题,从而获得新经验、新知识,并巩固原有知识或检验知识的教学方法。这种方法不仅能集中幼儿的注意力,激发幼儿的思维活动,还能发展幼儿的口语表达能力,教学效果比较好。

教师在运用谈话法时要注意以下要点:

(1)要根据幼儿的知识经验准备好问题。

(2)提出的问题要明确且具有灵活性、启发性,能引起幼儿不断思考。

(3)要面向全体,培养幼儿良好的谈话习惯。

(4)谈话结束时教师要有总结、归纳,强化幼儿在谈话活动中学习到的经验与知识,使之形成概念。

案例

好看的动画片
（小班语言活动）

……教师创设谈话情境,播放音频,引导幼儿猜动画片片名,引出谈话主题。

出示动画片人物图片,引导幼儿就这些动画片人物和他们所在的动画片进行交谈。

教师提问:①小朋友们看这是谁? ②他是哪部动画片里面的呀? ③你喜欢这部动画片吗? 为什么?

在使用讨论法时,教师既可以组织幼儿围绕问题自由交谈,也可面向全体幼儿集中交谈。但在整个谈话过程中,教师始终要引导幼儿围绕"动画片"这个主题,运用间接指导的方法,在此基础上逐步延展谈话范围,使幼儿获得新的谈话经验,从而提高谈话水平。

此案例主要采用了谈话法。

4.讨论法

讨论法是教师引导幼儿就某个问题或话题交换观点,相互启发的一种教学方法。讨论法的方式有两人讨论、小组讨论、全班集体讨论等。

教师在运用讨论法时要注意以下要点:

(1)讨论的主体是幼儿,教师要让幼儿充分地、自由地发表自己的意见,不要做幼儿的"代言人"。

(2)讨论的话题应该是贴近幼儿实际生活的、幼儿有话可讲的。

(3)引导幼儿围绕中心话题进行讨论。

(二)直观类方法

直观类方法是教师在教学过程以直观形式向幼儿呈现实物、教具或做示范性演示和表演,使幼儿获得直接经验的方法。这类方法符合幼儿具体形象思维的特点,能激发幼儿的学习兴趣。

1.观察法

观察法是指教师有目的、有计划地组织和启发幼儿运用多种感官,感知世界中的事物和现象,获得具体的印象,并在此基础上逐步形成概念的一种方法。观察法包括个别观察、比较观察和长期系统观察等形式。

教师在使用观察法时要注意以下要点。

(1)选择好符合幼儿年龄特征及兴趣的观察对象。

(2)观察时要向幼儿提出明确的观察要求。

(3)引导幼儿学会多角度观察事物,掌握观察的技能。

(4)观察结束时要对幼儿观察到的现象进行总结。

 案例

沉与浮

(大班科学活动)

……教师出示各种物品:

1. 各种试验材料(石头、乒乓球、积木、钉子、钥匙、空瓶子)若干

2. 幼儿每四人合用一张操作台,另备水槽、托盘各一只

引导幼儿做实验,并观察出示物品的沉与浮的情况……

此案例采用了演示法和观察法。

2. 演示法

演示法是教师向幼儿展示各种直观教具、实物,或让幼儿观看幻灯片、电影、录像等,从而使幼儿获得关于某一事物或现象比较完整的感性认识的方法。这种方法常和讲解法、谈话法结合起来使用。

教师在运用演示法时要注意以下要点。

(1)演示之前要做好准备,弄清演示的目的,明确演示的关键,认真检查演示教具。

(2)选择演示的时机,在恰当的时候进行演示,不需要的时候可以进行适当的遮挡,避免演示材料过早呈现,影响幼儿对演示的兴趣。

(3)演示的教具要直观,易于幼儿理解接受。

(4)教师讲解语言要简练,生动形象,通俗易懂。

实 例

认识正方形和长方形
(中班数学活动)

……拿出正方形和长方形的纸比一比,请幼儿说出它们不同的地方。教师出示正方形:这张纸有四条边、四个角,四条边一样长、四个角一样大,这种图形就是正方形。教师出示长方形:这张纸有四条边、四个角,四个角一样大、四条边不一样长,相对的两条边一样长,这种图形就是长方形。让幼儿思考一下:正方形、长方形有哪些相同的地方?有哪些不同的地方?

此例采用的是比较观察和演示、讲解相结合的方法。[①]

3.示范法

示范法是指教师通过自己或幼儿的语言、动作、声音或通过选择的图像和典型示例供幼儿模仿学习,使幼儿掌握某种技能的方法。示范可分为完整示范和分解示范、个人示范和集体示范、正面示范与侧面示范等。

教师在运用观察法时要注意以下要点:

(1)言语示范清晰、洪亮富有感染力;动作示范要准确、规范到位,易于幼儿学习理解。

(2)示范动作的位置要合理,方向要适宜,要有利于每一个幼儿进行观看、模仿。

(3)示范时可结合语言进行讲解,突出重点和难点。

---

① 张琳.幼儿园教育活动设计与实践[M].北京:高等教育出版社,2005:55.

案 例

正确洗手法
（小班健康活动）

……教师示范洗手的正确方法：卷袖子。袖口一层一层向上卷或把袖子向上拉；抹肥皂，搓手。卷好袖子后，将手浸在水中，然后再抹上肥皂，两只手心相对搓，手背搓，五指分开叉搓，然后把手上肥皂洗干净，一、二、三，轻轻甩三下，最后用毛巾擦干手，放下袖子，手就洗干净了。

此案例采用了示范法和讲解法。

（三）实践类方法

实践类方法是以幼儿主体实践为主的方法，主要包括操作练习法、发现法、游戏法等。

1. 操作练习法

操作练习法指幼儿在教师的帮助、引导下，通过自己亲自练习、反复操作，获得知识、经验，巩固技能的一种方法。

教师运用操作练习法要注意以下要点：

（1）明确操作练习的目的，提高幼儿操作练习的自觉性，避免实践的盲目性。

（2）操作练习前老师要给予正确的示范，使幼儿获得清晰的操作练习表象。

（3）操作练习过程中教师要给予及时的指导，对幼儿的操作练习情况及时做出反馈。

（4）操作练习介绍后，教师要组织幼儿归纳、整理操作中的感性经验，使之逐渐形成概念。

案例

弹性的秘密
（中班科学活动）

1.教师谈话导入，激起幼儿的兴趣，随后幼儿自由操作材料，初步感知弹性的基本特性。

2.在操作时，教师引导幼儿观察用力拉有弹性的物体时它们的外形会发生怎样的变化。

3.幼儿分享自己的探索结果，初步获得弹性的基本经验。

小结：刚才我们玩了发绳，当用力拉一拉后，它们会变形，可是松开后它又回到了原来的样子，这种现象就叫弹性。

4.幼儿再次操作，感知物体弹性与力的关系。

5.幼儿自由操作探索，老师巡回指导，引导幼儿与同伴讨论并分享。

小结：当用力大的时候，弹性就大；当用力小的时候，弹性就小。

此案例主要采用了操作练习法和讨论法。

2.发现法

发现法是指教师在教学过程中，依据教学内容特点、幼儿认知的特点及学习的方式和特点，鼓励幼儿采用操作、观察、记录等方式，去自主探究、发现新知识的教学方法。

教师在运用发现法时要注意以下要点：

（1）根据活动目标及内容，提供丰富适宜的材料，创设问题情境，引发幼儿主动积极探究。

（2）教师要善于提问和指导，提问和指导要具有启发性和针对性。

（3）在活动过程中要处理好教师的引导和幼儿的发现两者的关系，引导重在启发、鼓励。

（4）注意幼儿的个别差异，考虑幼儿认知水平。

（5）探究发现结束后要进行总结，反思探究过程中的方法以及发现的新问题。

案例

溶　解
（中班科学活动）

1.教师组织幼儿动手操作,探索白糖的溶解速度与哪些因素有关?

2.幼儿通过操作后发现:白糖溶解速度不一样。

3.教师继续启发幼儿,让幼儿观察白糖在不同水温的杯子中融化速度有什么不一样;搅拌白糖是不是会更快。

4.最后幼儿发现水温越高,搅拌越快,白糖溶化越快。

此案例主要采用了操作练习法和发现法。

3.游戏法

游戏法是指在教师在教学过程中运用规则游戏进行教学,引导幼儿积极参与到游戏中的一种方法。这种方法有利于吸引幼儿的注意力,激发幼儿学习的兴趣。

运用游戏法要注意以下要点:

（1）要根据活动目标及内容选择或创编不同形式的游戏。

（2）选择的游戏要符合幼儿的年龄特征。

（3）在游戏中要关注幼儿的社会性品质的培养。

 案例

5以内各数的加法
（中班数学活动）

中班幼儿在学习"5以内各数的加法"时,可设计一个到果园里去"摘果子"的游戏:"秋天到了,果园里的果子成熟了,小朋友去帮农民叔叔、阿姨们摘果子。"教师发给每个小朋友一张数字卡,数字分别是1、2、3、4。小朋友出发了,要乘坐汽车去,可是,驾驶员叔叔说只有数字"5"能上车,怎

---

① 邵小佩.幼儿园课程与教学[M].北京:北京师范大学出版社,2015:256-257.

么办呢？可让幼儿互相"找朋友"，你的数字和另外一个小朋友的数字合起来是"5"就能上车了。果园到了，教师再发给每个小朋友一张算式卡，让幼儿根据算式卡（如 2+3 =?）到果园里去摘果子。小朋友随着"摘果子"的音乐声，高高兴兴地跑到果园里去摘果子（如 2+3 = 5，就摘取 5 个果子），再轻轻松松地完成任务。这样反复进行几次游戏活动，就能巩固幼儿对"5 以内各数的加法"的运算能力。

　　此案例主要采用了游戏法。

第四节　幼儿园教学活动的组织

　　教学组织形式是开展教学活动的结构，不同的教学组织形式与教学质量有着密切的关联，会影响着教学功能的发挥。

一、幼儿园教学活动的组织形式

（一）教学组织形式

1.教学组织形式的概念

　　教学组织形式是教师和学生为了完成一定的教学任务，依据一定的要求组合起来进行活动的结构。涉及教师以什么样的形式将学生组织起来，通过什么样的形式与学生发生联系，教学活动按照什么样的形式展开，教学时间如何安排及分配等问题。①

2.教学组织形式的意义

　　教学组织形式在教学理论与实践中，处于真正接近实践的地位。教学

① 人民教育出版社师范教育中心.《小学教育学》[M].北京:人民教育出版社，1999:158.

组织形式与教学之间是形式和内容的关系,内容决定形式,形式又反过来作用于内容。不同的教学组织形式会产生不同的教学功能,所以教学组织形式如何解决或者解决的正确与否,与教学质量密切相关。①

(二)幼儿园教学组织形式

幼儿园教学组织形式主要解决的是幼儿园教学活动应该怎样组织、活动时间和空间应该怎样加以控制和利用的问题。幼儿园常见的组织形式包括集体活动、小组活动及个别活动。

1.集体活动

集体活动是教师有目的、有计划组织全班幼儿在同一时间、同一地点、同一空间下进行的教育活动,是一种传统的组织形式。

集体教学活动的优势主要表现在以下几个方面:

(1)教学比较高效,一位教师指导几十个孩子同时完成同一学习内容,充分体现教师的指导作用。

(2)有利于发挥教师的主导地位,便于教学有计划、循序渐进地开展,也有利于幼儿获得相对系统性的经验。

(3)有利于形成学习共同体,围绕同一内容展开的集体教学活动,有利于师生之间的互动交流,也有利于孩子之间的相互学习和启发。

集体活动的优势只是一种理论上的可能性,并非必然性。这些优势的实现需要一定的前提条件。例如,集体活动高效、经济的优势只有在活动内容唤起全班幼儿的学习兴趣时才可能发挥,其公平性只有在教学过程中充分照顾到幼儿的个体差异时才能真正体现。在集体活动中幼儿能否产生有意义的学习,在很大程度上取决于教学内容是否有一定的系统性,是否以幼儿的已有经验为基础,活动过程是否能帮助幼儿利用旧经验建构新经验,能为他们"显示"自己的"先备知识"提供舞台,能供教师观察、了解,并作为活动设计的重要依据。②

---

① 吕星宇,李岚.发展差异:教学组织形式改革的应然选择[J].辽宁教育研究,2007(11):83-86.

② 成军,张淑琼.幼儿园教育活动设计与实施[M].北京:高等教育出版社,2016:29.

2. 小组活动

小组活动既可以是教师依据活动目标及任务有计划的创设环境、提供材料供幼儿自主学习的活动,如集体活动后的分组,也可以是幼儿自发的分组活动,如区域活动。

小组活动的优势主要体现在以下几个方面。

(1)有利于幼儿社会性品质的发展,如分工合作、讨论、经验分享。在开放性的学习环境中还有利于生生互动。

(2)小组人数较少,孩子表现的机会比较多,老师能观察到每个孩子,指导比较有针对性,能做到因材施教。

这种活动形式需要幼儿有一定社会交往技能,还需要教师创设宽松的交往氛围,并处理好预设和生成之间的关系,否则优势将得不到发挥。

3. 个别活动

个别活动是教师一对一,或一对少的活动,可以是幼儿自由的活动,也可以是教师根据幼儿的特殊需要而特殊安排的活动。

个别活动的优势主要体现在以下几个方面。

(1)可以考虑到每个幼儿的兴趣需要,兼顾到个体差异性。

(2)幼儿在这一过程中可以学会自我管理,提高幼儿学习的主动性。

个别活动需要花费教师大量的时间和精力,对教师的观察及指导能力要求也比较高。

不同的组织形式关注的是教与学组合的不同结构方式。新的教学过程观强调教与学在教学过程中是不可剥离的,是相互锁定的有机整体,是"互动生成",包括教师与学生之间的"一对一",学生个体与群体、小组之间的各种教学活动。是一种"多向互动"与"双重生成",构成了有效的师生互动,生生互动。[1]

二、幼儿园教学活动的组织策略

幼儿园教学活动组织是将具体活动方案付诸实践的过程。教学活动组

---

① 叶澜.教育学原理[M].北京:人民教育出版社,2007:197–198.

织策略可以从导入、提问、回应几个层面展开。

（一）幼儿园教学活动导入环节的策略

教学活动是教师有目的、有计划、有组织施行的活动,教师作为组织者、引导者,自然承担着引导幼儿进入教学主题的角色人物。教师恰当地导入策略不仅可以吸引幼儿的注意力、激发幼儿的学习兴趣,还可以启发幼儿思考,开拓幼儿思维。导入的策略有以下几种。

1. 情境式导入

情境性教学是引发幼儿自主、主动地学习和加入活动的一种重要方式。导入活动的情境可以是真实的生活情境,也可以是教师预设的问题情境。这种导入策略可以将幼儿较快地引入主题中。同时,情境导入的方式也给幼儿提供了一个思考和解决问题的平台,幼儿能够调动起他们的已有经验,在迁移的学习中促进其新经验发展。

 案 例

铺　路
小班数学活动

情境表演导入

1. 呈现小兔家的情境图片

教师描述情境:今天的天气可真好,小兔准备和好朋友去外边玩。可刚走出家门,就摔了一跤,腿受伤了,小兔只好垂头丧气地回家了。

2. 教师提问:什么原因导致小兔摔跤了呢?（原来是地上有坑）这些坑是什么形状的?（长方形、圆形……）

2. 游戏式导入

游戏是幼儿园教学活动的重要手段,通过游戏引发幼儿进入主题极有价值且效果比较好,创设可参与和体验的游戏情境,可以吸引幼儿全身心的投入教学活动中。

案例

快乐的小司机①
小班音乐活动

汽车开来了

1. 幼儿听着音乐,开着大玩具汽车进教室。

2. 你们在干什么啊?(开汽车)

哦,原来你们是小司机啊,请小司机们把小汽车停下来,听着音乐再开一遍。(玩具汽车停在原地,幼儿听音乐模仿小司机的一些动作。)

3. 小司机们,刚才你们是怎么开车的?

(幼儿交流不同的开车动作。)

3. 直观式导入

运用丰富、直观、形象的材料或手段引发幼儿的学习兴趣。直观式导入包括视频导入、演示导入、图片导入等。

 案例

寻找空气
中班科学活动

引导幼儿感知空气:教师出示气球,并吹鼓气球,让幼儿观察气球的变化,并思考气球为什么会鼓起来。

4. 问题式导入

问题式导入是教师提出与学习内容相关的问题,引发幼儿前期经验与新知识的关联,从而顺利地进入新经验的学习,提问要具有启发性和挑战性。问题式导入包括直接提问导入、谜语导入和设置悬念导入。

---

① 李蔚宜. 一课一案幼儿园优质案例汇编[M]. 上海:华东师范大学出版社,2011:17.

案 例

小动物告别会
大班语言活动

提问导入

1.现在是什么季节?

2.你知道小动物是怎样过冬的吗?

案 例

踩鸡蛋①
科学活动

设置悬念导入:

师:"小朋友们,今天老师要给大家表演一个节目——踩鸡蛋。"(教师慢慢踩上四只鸡蛋支撑的木板)

幼1:"老师,不要,这样鸡蛋会碎的!"(有一个小朋友大声惊呼,个别小朋友还用小手把眼睛捂了起来,却又忍不住从手指缝里往外瞧。但是奇妙的是鸡蛋并没有像幼儿预料的那样破碎。于是幼儿由衷地拍起手来)

幼2:"哇,老师会气功!"

师:"老师并不会气功,这里有秘—密—!"

(二)幼儿园教学活动中的提问策略

提问是教师与幼儿交流的重要手段,是启发幼儿思考并掌握教学重难点、检测目标是否达成的重要操作方式。提问是否有效性会影响到幼儿的学习效果及教学的质量。保证提问的有效性要做到以下几点。

1.提问的设计应紧扣教学目标,具有目的性

提问的设计要紧扣活动目标,要有明确的目的和要求,如果提问偏离目

---

① 刘云艳.幼儿园教学艺术[M].重庆:西南大学出版社,2007:13.

标,就会导致活动偏离方向而无效。如:大班社会活动"夜晚",活动的目标是:感受家乡夜晚的美,了解人们夜晚的生活。活动开始教师就开门见山地展示出夜景的幻灯片,并提出问题:"你们最喜欢美丽夜景中的哪儿? 为什么?"让幼儿带着问题看课件,使幼儿的欣赏有了目标,同时也为幼儿的回答提供了一个方向。

2. 提问既要面向全体又要照顾个别幼儿

教学过程中提出的问题要能调动全体幼儿的积极性,给予幼儿平等回答问题的机会,使大多数幼儿的能力得到锻炼。同时又要根据幼儿的不同发展水平提出适宜的问题,如能力较弱,胆子比较小的幼儿,提的问题可以简单容易些,能力比较强的幼儿,提的问题需要有一定的挑战性。

3. 提出的问题要具体、准确、明了

教师提出的问题要明确具体,答案的内涵和外延要清楚,不能模棱两可。如:在音乐活动"小鸡出壳"的教学中,教师问:"小鸡宝宝怎样出来呢?"有的小朋友说:"用石头砸开。"有的说:"用力摔一下。"等,这显然不是教师想要的答案,于是,教师又连忙改问:"小鸡宝宝怎样从蛋壳里出来?"这次教师在提问的语言中增加了"从蛋壳里",具体明确的提示幼儿"是小鸡自己从蛋壳中出来,而不是使用外力的办法帮助小鸡出来",孩子们马上就回答出小鸡是用嘴巴啄出来。①

4. 提出的问题要有一定的挑战性

根据最近发展区理论,教师提出的问题要在幼儿原有经验的基础上略有拔高,幼儿独立思考或在老师的引导下能够进行回答。如在"快乐小鸭"歌唱教学活动中,第一次听这个歌曲后教师提问:"谁来了?"第二次听完后提问:"到底是谁来了? 它在做什么?"第三次听完后提问:"发生了一件什么事情呢?"②

---

① 郑清铎.集体教学活动中有效提问与回应的策略[J].新教育时代:教师版,2018 (46):239.

② 陈碧琴.幼儿民谣教学之"聆听重复"策略[J].今日教育(幼教金刊),2015(5): 34-35.

5.提出的问题要具有启发性

教师设计的提问既要能够活跃幼儿的思维,具有一定的开放性,同时还要能引起幼儿进一步深度的探索。要想提升孩子对问题回答的兴趣和积极性,就需要从不同角度去提问。如在大班语言活动《小老鼠忙碌的一天》中,引导幼儿分段观察画面,理解故事情节并提问"小老鼠究竟在忙些什么?""小老鼠收集了哪些东西?""它收集这些东西可能要做什么呢?""小老鼠为什么要给大老鼠做一顶帽子呢?""猜猜大老鼠和小老鼠还有什么重要的任务?"①教师提出的问题层层递进,能帮助幼儿理解故事情节,同时,还具有一定的发散性,能引发孩子去猜想。

(三)回应的策略

回应是指教师在与幼儿的"对话"与互动中的一种作为教育者的态度和策略,是教师敏锐地意识到幼儿的需要而及时给予的引导和帮助。② 回应是师幼互动中不可缺少的重要组成部分。回应包括无声言语的回应和有声言语的回应。

1.无声言语的回应

无声语言又称体态语言。它是指口语交际活动中教师通过手势、表情、姿态等传递教学信息的一种语言方式。③

教师是幼儿心中的权威,教师可以适当地使用无声言语对幼儿的表现做出回应,如姿态、表情、动作等。比如,幼儿回答问题时教师用充满期待的眼神去倾听,对幼儿令人满意的回答可以竖起大拇指,或摸摸他的头、微笑着点点头,抑或是拍拍手表示赞许,等等,这些无声言语的回应对幼儿是一种巨大的鼓励,对那些旁观学习而没有回答问题的幼儿来说也会受到激励。

---

① 李蔚宜.一课一案幼儿园优质案例汇编[M].上海:华东师范大学出版社,2011:110.
② 黄瑾.幼儿园教育活动设计与指导[M].上海:华东师范大学出版社2014:145.
③ 邵小佩.幼儿园课程与教学[M].北京:北京师范大学出版社,2015:283.

2.有声言语的回应

（1）重复式回应。在幼儿对教师的提问做出回答后，教师不用直接说出对错，可以重复个别幼儿的问题或向全体幼儿反馈有价值的信息。这里的重复并不是简单地再说一遍，而是从语义上加重或提醒，帮助幼儿在分享中获得他人的经验。例如，教师转述幼儿的问题或回答："XX，你发现正方形的工具吹出的泡泡也是圆的，是吗？""他发现球掉下来的速度要比纸片快，他们是不一样的吗？"教师也可以在幼儿的回答偏离方向时，用重复自己提出的问题来回应，如"老师问的是'这两个杯子花纹有什么不一样？'，再好好看一看。"也可委婉地表达对幼儿的提醒与暗示。

（2）激励式回应。激励式回应是一种正向回应方式，是教师接收到幼儿的信号后，以鼓励、赞许、表扬的方式做出回应的一种方式。[1] 如"你的声音很响亮"；"刚才你讲的方法与众不同，我们可以试试"。

 案 例

语言活动:春天来了[2]

师:从上周开始,小朋友们和爸爸、妈妈去寻找春天的迹象,今天,请小朋友把你们的发现和大家分享,谁愿意第一个分享?

琪琪:我去公园了,我发现鲜花很芬芳。

师:琪琪用了一个好听的词,什么词?

幼儿齐声:芬芳。

师:芬芳的鲜花,我们学学闻芬芳的鲜花的动作。

幼儿一起做闭目嗅花状。

教师用"一个好听的词"给予了琪琪肯定的回应,并引导其他孩子重复

---

① 成军,张淑琼.幼儿园教育活动设计与实施[M].北京:高等教育出版社,2016:62.

② 成军,张淑琼.幼儿园教育活动设计与实施[M].北京:高等教育出版社,2016:62-63.

琪琪的回答,这样回应的行为不仅能激励琪琪,还能帮助其他幼儿获取经验。

3.总结式回应

活动中,如果教师想使得互动更加有效,可以在关键位置用一两句话回应幼儿,点明要点,从而有效帮助幼儿归纳和提升经验。如:科学活动"有趣的弹性"中,教师提供了若干生活用品和玩具,鼓励幼儿用拉一拉、压一压、捏一捏等方式操作实践,并提问:"你发现了什么? 它们是怎么变的?"幼儿纷纷交流了自己的发现,此时教师不失时机地回应:"你们说的这些东西在力的作用下,形状发生变化,不用力是又会恢复到原样,这就叫物体的弹性。"简单明了的归纳不仅能帮助幼儿梳理已有的经验,初步建立起对探究对象特征的了解,还能促进幼儿科学概念的有效建构。

第九章

幼儿园的生活活动

幼儿园生活活动是幼儿在幼儿园开展的重要活动之一,涵盖了幼儿入园、进餐、睡眠等内容,是培养幼儿良好的生活习惯、卫生习惯的主要渠道和途径,构建合理有效的一日活动流程,对培养幼儿良好生活习惯和卫生习惯具有不可替代的价值和意义。

第一节　幼儿园生活活动概述

在幼儿园的一日活动中,生活活动是幼儿园一日活动的主要内容,占据了一日活动的大部分时间,因此,怎样充分发挥生活活动的教育价值,培养幼儿良好的生活习惯和卫生习惯,是有效开展幼儿园一日活动首要思考的问题。

一、幼儿园生活活动的内涵

幼儿园生活活动在幼儿教育领域有不同的提法:倪敏认为幼儿园的一日活动,对全日制的幼儿园来说,就是指幼儿从早上进园到下午离园一日内所要经历的活动内容[①];唐淑、虞永平认为幼儿园生活活动是指幼儿园每天所进行的各项活动,如饮食、睡眠、游戏、上课等,要进行有序、合理的安排,

---

① 倪敏.幼儿园课程与教育活动设计[M].北京:中国劳动社会保障出版社,2000:347.

使幼儿生活有规律、有节奏、有劳有逸,并使整个幼儿园生活、学习保持正常、稳定的节奏①。不同学生虽有侧重,但都是从时间指向和内容指向界定幼儿园生活活动,鉴于此,幼儿园一日生活是指幼儿一日活动中的生活环节和一些每天都要进行的日常活动,包括进餐、饮水、睡眠、盥洗、如厕、入园和离园、过渡活动和自由活动以及散步等。幼儿日常生活活动的教育贯穿于幼儿各种教学活动始终。

二、幼儿园生活活动的价值

1.保障幼儿生命和身体健康

幼儿年龄和生理发展特点决定幼儿教育特殊性。幼儿生长发育不成熟,缺乏自我保护意识,容易受到伤害,幼儿园能够合理地安排营养保健和一日生活,科学地组织体育锻炼,培养幼儿良好的生活卫生习惯,增强其对疾病的抵抗能力和对环境变化的适应能力,帮助幼儿增强体质,健康成长。

2.培养幼儿良好的生活习惯和生活自理能力

良好的生活习惯和生活自理能力是在幼儿的真实生活中去培养的,是建立在科学的育儿理念、合理的生活卫生保障制度和有序的生活活动安排上。用餐活动、入睡活动等都是培养幼儿良好生活习惯和能力的重要渠道,在真实的生活中,能有效地将习惯和生活技能内化和强化,逐渐培养幼儿良好的生活习惯和生活自理能力。

3.促进幼儿情感与社会性发展

生活活动是促进幼儿情感与社会性发展的有效路径。幼儿的身心发展特点决定幼儿园阶段社会性发展的挫折性,如自我中心、语言的发展、人际关系的认知、人际关系技巧的掌握等都在影响幼儿情感和社会性发展。丰富的幼儿园生活活动为幼儿创造一个良好的人际交往环境、满足幼儿多方面发展需求。

---

① 唐淑,虞永平.幼儿园班级管理[M].南京:南京师范大学出版社,2004:17.

三、幼儿园生活活动组织的原则

从《规程》和《纲要》对幼儿园一日生活活动组织与实施的阐释不难发现,幼儿园一日生活活动的组织不仅仅是保证幼儿吃饱喝足,要想实现生活活动教育价值的最大化,组织幼儿园一日生活活动需遵循以下几个基本原则:

1.教育性原则

教育性原则就是指组织实施日常生活活动中要充分挖掘和利用生活活动的教育价值,寓教育于一日生活中。比如,在进餐活动中,可以引导幼儿认识不同食物、调味品以及食物对人体的好处,值日生的进餐准备工作就是进行数学教育的良好时机,幼儿可以练习数碗筷、勺子,并进行一一对应、分类等。正如陶行知先生提出的"生活即教育"。

 案例

"老师,你看值日生在乱跑。"雨绚对我说。我走过去对值日生说:"你们是值日生为什么还在跑?""老师,刘老师还没来呀。"亦哈说。原来,他们在等生活老师来分饭。看到幼儿还没有意识到值日生的职责,我就利用餐前的时间和他们进行讨论。我问:"谁知道值日生该做些什么?"孩子们议论开了,"负责分饭""整理班级""是小朋友的好榜样"等,值日生的形象就这样树立起来了。然后我建议孩子们将值日生该做的事画下来,制成值日生表格,把值日情况记录下来,在周末"值日生之星"上评比①。

案例中的老师将教育与幼儿生活融合,既考虑尊重幼儿的主体性和尊重幼儿的权利、也充分利用了生活的中的教育契机,充分体现保教结合的教学原则。

---

① 张岚.在生活活动中整合教育内容例析[J].福建教育,2005(2A):54.

2. 发展性原则

发展性原则就是日常生活活动的组织与实施应充分尊重幼儿的生理和心理发展规律,建立合理的常规,比如要求幼儿在规定时间喝水、进餐时拿到食物的小朋友要等教师的口令才能吃饭等常规的制定是否符合幼儿的生理发展是值得我们反思的,常规的制定一定要基于科学的儿童观和教育观。

3. 情感性原则

情感性原则就是幼儿园日常生活活动的组织与实施应当给予幼儿情感上的关怀、爱护,使幼儿感到安全与温暖。教师要耐心细致,注意观察体会幼儿的生理需求;教师要尊重幼儿,满足幼儿的情感需求。

案例

开学初,小班进餐活动中,老师发现,有的小朋友将瘦肉、青菜放入口中咀嚼许久还是吐出了渣,有的小朋友拿汤匙就像拿铲子一样,有的小朋友手不扶碗,饭菜撒落在桌面、衣服和地板上。老师于是创设"娃娃茶吧"区域情境,在茶吧中投放幼儿喜爱的花生、蚕豆、玉米等较硬食物,让幼儿在区域活动中与材料互动,训练咀嚼能力;在"娃娃家"区域投放汤匙、小娃娃等材料,引导幼儿学习拿汤匙,而且投放的"娃娃"有变化,先投放大嘴娃娃,后改为小嘴娃娃,提高幼儿用匙喂饭难度,让幼儿在与"娃娃"的互动中培养灵活用匙进餐的能力。①

案例中老师善于观察幼儿发展需求,尊重幼儿主动性和主体性,创设并充分利用"娃娃家"区角活动,满足幼儿发展需求,让幼儿在真实生活中去探究、操作,体验生活乐趣,培养幼儿动手能力和实践能力。

---

① 刘飞敏.生活活动中影响师幼互动的因素及应对策略[J].学前教育研究,2006(1):40-41.

四、幼儿园生活活动组织的注意事项

幼儿园的一日活动应包括晨间接待、早操、教育教学、盥洗、进餐、午睡、离园等环节。幼儿园一日活动是培养幼儿良好行为习惯、生活习惯的重要保障,因此,幼儿园需要科学、合理地安排与组织一日生活。《幼儿园工作规程》提出"幼儿园日常生活组织,应当从实际出发,建立必要、合理的常规,坚持一贯性和灵活性相结合,培养幼儿的良好习惯和初步的生活自理能力。"

《幼儿园教育指导纲要》在第三部分"教育的组织与实施"部分提出安排和组织幼儿园一日生活要注意的几个问题:

(1)时间安排应有相对的稳定性与灵活性,既有利于形成秩序,又能满足幼儿的合理需要,照顾到个体差异。比如进餐的时间是固定的,至于进餐快慢就取决于幼儿的发展程度,教师要灵活处理。

(2)为了保证幼儿每天有自主选择和自由活动时间,在一日生活活动中,教师的指导要直接指导和间接指导相结合。教师直接指导的集体活动要能保证幼儿的积极参与,避免时间的隐性浪费。

(3)在一日生活活动中,要合理设计幼儿园一日活动各环节,尽可能减少不必要的集体行动和各种消极等待现象。

(4)一日活动重在培养幼儿的自我服务能力和管理能力,因此,在一日活动中,教师要尊重幼儿,尽量减少教师无效干预和无效管理的成分,让幼儿在实践中梯度式发展自我管理和自我服务的能力。

第二节 幼儿园生活活动的指导

幼儿园生活活动是实现保教融合的重要途径,是幼儿园保教质量提升的重要保障。《幼儿教育指导纲要》明确指出:"幼儿园一日生活时间的安排应有相对的稳定性与灵活性""尽量减少不必要的集体行动和过渡环节,减少和消除消极等待现象。"要有效实现幼儿园生活活动的教育价值和保育价

值,幼儿园教师需要有效组织幼儿的入园、离园、进餐、睡眠、饮水、如厕等生活活动,实现生活、游戏、教学活动的一体化设计,从而提高活动效益和质量。

一、入园环节组织指导

幼儿入园环节是保障幼儿健康和幼儿园安全教育的起始环节,主要包括入园接待、晨检工作和晨练。

(1)入园接待。幼儿园一日活动中的第一个环节,也是幼儿园常规活动中的重要组成部分。要做好入园接待,教师要做好两个方面的工作:一是做好入园前的准备,如做好教室、活动室安全检查、准备好幼儿的餐具、幼儿游戏材料等;二是在入园过程中,要充分展示教师较好的职业形象和职业素养,做好和家长交谈准备、了解幼儿健康情况等工作,在接待过程中,培养幼儿的基本礼仪常识和行为习惯。

(2)晨检工作。幼儿园的工作内容之一,能够有效预防和控制常见疾病的传播,是保障幼儿安全的一道屏障。晨检包括一摸、二看、三问、四查。晨检工作对幼儿的生理和心理健康有着重要意义,幼儿园要重视晨检工作,帮幼儿排除一切安全隐患,为幼儿的生命安全做好保障措施。

(3)晨练。幼儿园晨间体育锻炼是指幼儿入园后至早操前,利用幼儿园提供的场地、设备以及老师按运动目标设计与准备的器械、器具等材料开展的体育锻炼活动①。《3~6岁幼儿教育指南》中明确指出:"为有效促进幼儿身心健康发展,成人应为幼儿提供合理均衡的营养,保证充足的睡眠和适宜的锻炼,满足幼儿生长发育的需要。"因此,要通过集体体育游戏、基本动作练习、体育器械活动,以游戏为基本形式,发展幼儿基本动作,增强幼儿园体质,为幼儿园的一天学习和游戏奠定基础。

---

① 王超.优化大班幼儿晨间体育锻炼价值促进幼儿体能发展[J].考试周刊,2017(A2):175.

二、进餐环节组织指导

进餐是增强幼儿体制和全面发展的基础保障,不仅能有效培养幼儿生活习惯和卫生习惯,还能影响幼儿人格品质的发展,也是落实"生活即教育"的最佳途径,在幼儿身心发展过程中具有重要的教育价值和实践价值。幼儿进餐环境的组织和指导主要体现在进餐前准备、进餐时组织和进餐后整理三个方面。

在进餐前,教师要了解幼儿在家里的进餐情况,争取家长支持和理解,家园协商一致,相互配合、制定进餐的程序和要求,培养幼儿良好的进餐习惯和进餐行为。

幼儿的进餐活动应在整洁、轻松、愉快的氛围下进行,这就要求教师做好进餐前的准备工作。进餐前半小时左右,幼儿应结束各种游戏活动,引导幼儿饮水、如厕、洗手。在等待进餐时间里,应创设一个愉快安静的进餐环境,比如可以放一些轻音乐和故事,做一些语言和手指的安静游戏,引导幼儿情绪安静下来,这时,教师不处理问题,以免影响幼儿的情绪;进餐前,教师可以向幼儿介绍食物的名称、营养价值、做法,以此来激发幼儿的食欲,引导幼儿了解食物的营养价值,帮助挑食幼儿克服挑食的毛病,培养幼儿良好的饮食习惯。

幼儿进餐过程中,作为幼儿园教师同样需要做好组织工作。对于那些吃饭较慢的幼儿,可以让他们提前进餐;幼儿进餐的时候,教师要观察幼儿餐具的使用方法,如中大班幼儿是否能掌握筷子的握法和使用方法;根据幼儿饮食量是否要添饭;观察幼儿是否掉饭等。在进餐过程中,不同年龄段孩子培养重点是不同的,小班幼儿重点培养独立进餐的习惯;中大班幼儿,重点培养他们的进餐习惯。

进餐结束后,教师要引导幼儿收拾餐具、将餐具放回指导位置,引导幼儿养成饭后洗手、漱口、擦嘴的好习惯,餐后安排一些轻松安静的活动,比如观看动画片、阅读图书、室内区域活动等。

三、饮水环节组织指导

水是生命的摇篮,是人体内含量最多和最重要的组成部分。3～6岁幼儿身体的含水量约占体重的65%,他们每天需要摄入1 500～2 000毫升的水,才能满足身体的基本需求。除去从食物中摄入的水分和体内自身产生的水分,每个孩子每天饮用的水应是700～1 000毫升,因此,幼儿良好饮水习惯的培养尤为重要。

(1)创设安全的、方便幼儿的饮水环境。幼儿园要保证水质安全,饮水装置摆放适当,水温适中,尊重幼儿饮水的独立自主性,保障幼儿想喝水时能自己去喝水。

(2)通过专门的教育活动,了解水对人体的价值。通过专门的教育活动,引导幼儿了解水对人体的价值、重要性及缺水的危害,提高幼儿饮水重要性的认知,同时,结合饮水环节,开展其他的教育活动,比如饮水量记录等。

(3)结合幼儿真实生活,培养幼儿的饮水习惯。生活活动是促进幼儿成长的主要途径,结合幼儿的身心发展特点、生活经验,在幼儿的真实生活中培养幼儿的生活习惯是最佳的选择,因此,培训幼儿的饮水习惯:一是给孩子的水杯做记号,将水杯放在固定位置;二是指导并提醒幼儿用自己的水杯接水,培养幼儿一人一杯的良好习惯;三是提醒幼儿喝多少接多少,不浪费水,从小养成节约用水的好习惯;四是指导幼儿自己排队接水、不推不搡,遵守集体规则;五是一日活动的各个环节提醒幼儿随时喝水,养成饮水的好习惯。

四、盥洗环节组织指导

幼儿园教育是以游戏为基本活动的,这也是幼儿园教育与其他阶段教育的不同之处。幼儿在幼儿园会进行很多游戏活动,比如玩沙、玩泥、搭积木等活动,这些游戏活动结束以后,幼儿园教师都要提醒幼儿洗手,在幼儿餐前、便后,教师同样要组织幼儿进行盥洗活动,引导幼儿养成良好的卫生习惯,为身体的健康成长奠定基础。

盥洗室的设计要符合幼儿的年龄特点和现实需要,如盥洗室的空间要能满足幼儿的活动要求;毛巾架、便池、洗手池等要符合幼儿身高、体重等。

盥洗室的设计要重视幼儿安全,如盥洗室地面要注意防滑、避免幼儿滑倒、撞伤;使用的物品按安全和隐蔽排放,如消毒水、洗衣粉等,以防幼儿误碰误食;盥洗室要定时清扫、保持干净整洁,同时幼儿的水杯、毛巾等物品要常洗常晒常消毒。

五、如厕环节组织指导

如厕是培养幼儿最基本的卫生习惯的重要环节,是幼儿园生活教育的重要组成部分。对提高幼儿的生活自我服务能力、受挫能力及今后的学习以及生活具有重要作用。

幼儿如厕指导重点在如厕习惯的培养和如厕技能的养成。如厕习惯和如厕技能的培养不同年龄段的侧重点不同,小班重点在如厕适应和如厕技能的培养,中大班重点在如厕习惯和卫生习惯的培养。在幼儿的如厕活动指导中,重点做好以下几个方面的工作:一是正确认识幼儿园的年龄特点和身心发展规律,营造一个宽松、包容、有秩序的如厕环境;二是循序渐进,引导幼儿掌握正确的如厕技能和如厕习惯,如蹲便的正确蹲姿、冲水箱的正确使用方法、擦屁股的正确方法、洗手的正确步骤等;三是将如厕习惯和如厕技能的培养融入幼儿一日活动,在活动中培养幼儿园的如厕习惯和如厕技能。

六、睡眠环节组织指导

充足的睡眠是学前期幼儿生长发育的重要保障,充足的睡眠不仅有利于幼儿身心发展、对幼儿大脑发育同等重要。因此,幼儿睡眠活动的有效组织和指导,是幼儿教师一项重要的任务,要做好幼儿睡眠指导,教师要做好幼儿入睡前物质上和精神的准备工作。

入睡前，教师要创设一个安静、温馨的睡眠环境，具体来讲，就是要提前开窗换气、铺好床铺、拉好窗帘等准备。

物质上，睡眠室要配备必要的设施设备，如空调、风扇、适宜孩子睡眠床、棉絮等，禁止幼儿将橡皮筋、串珠、纽扣、小绳等物品带进寝室，以免造成意外安全事件的发生。

心理准备上，睡前可组织幼儿散步或玩安静的游戏；睡眠室可以放轻音乐，引导幼儿保持稳定的情绪。对于特殊群体幼儿，要因材施教，如新入园的小班幼儿会有恋床、恋物、恋家等表现。有的幼儿要抱着布娃娃才能睡等。对于这些有特殊需要的幼儿，教师可给予特殊关照，允许他们一开始就保持自己的入睡习惯，并陪伴他们入睡，慢慢帮助他们改变和克服这样的习惯。

对于全托园的幼儿，教师更应帮助幼儿顺利渡过睡眠这一难关。教师不应用惩罚睡觉或独处睡觉来恐吓和惩罚幼儿，不应对幼儿说"你再不听话就让你去睡觉""你再不赶快睡觉，待会儿其他小朋友起床，你就不要起来了，爸爸妈妈来接你也不要走"之类的话。在幼儿睡眠的过程中，教师要时刻关注他们的睡眠情况，如睡姿是否正确、是否盖好被子，等等。对于入睡晚和入睡困难的幼儿，教师应坐在他身边小声督促他尽快入睡。对于爱做小动作的幼儿，教师可以握住他的小手帮他入睡。注意不要让他们影响其他幼儿。对于生病的幼儿，教师尤其要细心照顾。对于他们体温的变化、是否咳嗽、是否呕吐等情况要时刻关注，细心护理。对于幼儿的晚间睡眠，教师要了解幼儿夜间小便的习惯和时间，提醒他们起来小便。对于尿床的幼儿，要细心的照顾，并找出原因，如是否睡前太兴奋或身体不适等，不可因此斥责幼儿或表现出不耐烦、厌恶等情绪。

幼儿睡眠结束后，小班幼儿可以逐个起床，让身体弱需要睡眠的幼儿和入睡晚的幼儿多睡一会儿。中大班幼儿则可以让他们在规定时间内共同起床，并学习自己整理床铺。起床前，要提醒幼儿"今天外面风很大，请你们多穿一件衣服""今天天气很热，请你们不要穿长袖衣服了"等，请他们根据天气增减衣物。

要鼓励先整理完床铺的幼儿帮助其他幼儿整理床铺，也可以请幼儿相互帮助整理衣物,如扣纽扣、拉拉链、系鞋带,等等。起床后应先小便、喝水,稍做调整后,再组织幼儿进行户外活动。

在寄宿制幼儿园还包括晚间睡眠,组织幼儿的睡眠活动,除了满足幼儿生理发展的需要外,还可以养成安静入睡的习惯,锻炼穿脱衣裤、鞋袜、整理床铺的生活自理能力。

七、离园环节组织指导

离园环节是实现家园合作沟通的重要途径,也是幼儿园一日活动的重要环节,主要包括离园前的教育教学活动的组织、离园前幼儿整理活动的组织及离园时的家园沟通。

(1)离园前的教育教学活动组织可以区角游戏、幼儿自主游戏、讲评分享及回忆等灵活性强的活动为主,重点在引导幼儿对一天活动的总结和反思,让一天的教育教学活动形成闭环,为新的活动提供新的依据和新的思考,从而更有利于推动幼儿螺旋式的发展。

(2)离园前幼儿整理活动组织是幼儿良好习惯培养和实践的重要环节。教师一方面要引导和鼓励幼儿整理活动室环境和自己的物品,如区角材料、自己书包等;另一方面要学会整理自己的仪容仪态,为离园做好准备。

(3)离园时的家园沟通是指老师可用简短的语言向家长介绍幼儿在园的情况,交换教育幼儿的意见,在组织离园活动的时候要注意:教师应严格执行幼儿接送制度,保证幼儿安全;提醒幼儿离园时向老师告别。

沟通的艺术①——美国幼儿教师与家长沟通的启示

美国幼教机构重视通过多种方式与家长保持经常性的联系与沟通,尤为注重个别沟通。他们认为,教师与家长在接送孩子时的短暂交谈,是一种最简便、最常用的沟通方式。

———————————

① 美国幼儿教师与家长沟通的一种重要方式. http://tieba. baidu. com/f? kz = 153998763.

1.做好准备工作

要及早告知家长约谈的时间、地点与内容,征得家长的同意。在约谈前,教师要汇集、查阅这个孩子各方面发展情况的材料,进行分析,提取有用的事例。实际上,这项准备工作在孩子入园后就已开始。

2.营造宽松的气氛

有些家长,对约谈会感到不自在,所以,教师要注意营造轻松的气氛,比如:先倒一杯咖啡,说一些孩子和班上有趣的事。如开始时可先问一句:"小约翰近来在家怎么样?"这样的问题家长好回答,从而能自然地进入交谈。

3.避免使用专用术语

采用日常使用的普通语言与家长交谈。家长听得懂。在介绍孩子发展情况时,不要说得过于笼统,而要具体一些。比如:不要光说小迈克的小肌肉发展水平低于正常标准,要补充实例或换一种说法,如"小迈克还学习画图画,用手剪剪东西,我们在教他",等等。

4.要以平等的身份与家长交谈

教师切勿以专家自居,采取居高临下的态度教训家长,不要发号施令的老是说"必须""应该"怎样,更不能责怪家长,要尊重家长。教师提出共同促进孩子发展的措施时,宜采用商量的口吻,征求家长的意见。

5.谈孩子缺点时要注意方式

对孩子的评价一定要客观、全面,既要肯定优点与进步,也要真诚地指出不足之处。在谈孩子的缺点时,要根据情况,区别对待。如果与家长很熟悉,可以说得直率一些。有些家长自尊心强,把谈孩子的缺点视为对自己的批评,感到有压力。所以,教师特别要注意方式,不要用"迟钝""调皮"等字眼来形容孩子,以免家长听了不舒服。

6.交谈时不要谈及别的孩子

与家长不要谈论别的孩子,也不要随意与别的孩子进行比较,说长道短。因为这样做会使家长产生疑问,不知老师在别人面前怎样说自己的孩子。

7. 交谈完了要肯定约谈收获

教师要指出谈话对家园双方都有益,强调对自己的工作有帮助。同时,对家长来参加约谈表示谢意,欢迎家长以后继续支持园里的工作,自己愿意竭诚与家长密切合作,共同促进孩子的发展。

8. 约谈完毕后,教师要做小结

小结的内容包括:谁提出约谈,谁参加了约谈,提出了哪些问题及解决的方案和措施,约定了什么时间继续沟通,有关措施实施情况。

八、特殊幼儿护理指导

在我们的日常生活中,每每提起特殊儿童,大家想到的就是身心发展上有各种缺陷的残疾儿童,这是比较狭窄的理解。在幼儿教育过程中,为了能够因材施教、满足不同幼儿的需求,幼儿园教师需要关注有特殊需要的幼儿。

有特殊需要的幼儿是指一切身体的、智力的、社会的、情感的、语言的或其他的任何特殊教育需要的孩子,这就包括残疾儿童和天才儿童、流浪儿童和留守儿童、肥胖儿、营养不良幼儿等。

在现阶段的幼儿园,由于残疾儿童在相对独立的特殊教育环境中接受教育,幼儿园教师所面对的有特殊需要的幼儿主要有两大类:一类是生理上有特殊需要的幼儿,比如肥胖儿、体弱儿、营养不良的幼儿、生病幼儿等;另一类就是心理上有特殊需求的流浪儿和留守儿童。

(一)生理有特殊需要幼儿的护理

幼儿园生活活动中,对于生理上有特殊需要的幼儿,幼儿园教师进行个别化教育时要做到以下几点:

(1)幼儿园要和家庭密切配合,为幼儿提供营养平衡的膳食。幼儿园教师及时联系家长,向家长讲解膳食平衡的必要性和重要性,使家长了解幼儿园营养平衡的食谱。还可以向家长介绍、推荐一些荤素食配食谱,点心汤羹的制作方法。对于由老人接送的幼儿,可采取"递小条"的方式,将有关的宣传内容、幼儿存在的问题通过便条方式告知幼儿双亲,及时取得联系。还可以通过营养讲座,提高家长营养膳食的意识及方法。教育家长为幼儿提供含多种营养的食物,纠正幼儿偏食、挑食的坏习惯。

(2)以纠正幼儿偏食为抓手,保证幼儿营养素的摄入均衡。幼儿园班级老师密切联系,利用餐前教育,向幼儿宣传样样都吃身体好的道理。在幼儿园的进餐环节,观察了解孩子的饮食喜好,做到心中有底。幼儿园食堂的炊事员加强烹饪技术,根据不同的菜肴进行制作。

(3)药物与食疗相结合,提高幼儿肌体免疫力。针对营养不良的儿童,一方面要求家长配合,坚持"正餐吃饱、零食少吃"的原则;另一方面着手调整饮食结构,如餐前食用开胃水果,再配给蛋白质、豆制品、粗粮等,以达到帮助儿童消化吸收、促进新陈代谢。对于贫血患儿,以补血为主,比如把猪肝等做成"羊肉串""棒棒糖"的形状,引发幼儿的进餐欲望。对于肥胖儿,在组织进餐时,提醒该类小朋友先喝汤、再进餐,与此同时,还要注意肥胖儿高热能及脂肪、糖类的摄入适量,控制碳水化合物,多吃蔬菜和水果。

(4)体育锻炼与生活护理相结合。体弱儿有个体差异,在体育锻炼中要遵循循序渐进的原则,活动量由小逐渐增大,活动与休息适量交替。因此,体育锻炼中的保育工作也要跟上,作为保健教师就要经常督促保育员重点护理体弱儿,及时帮助他们擦汗及穿脱衣服。根据季节做好降温、保暖工作,并根据体弱儿的不同情况,区别对待,注意活动量和运动强度。活动时后背容易出汗的肥胖儿,每天多备几条毛巾替换隔背,并鼓励他们适当增加运动量,多参与锻炼。

(二)心理有特殊需要幼儿的护理

心理有特殊需要幼儿的护理主要针对的是留守儿童。留守儿童正处于成长发育的关键时期,他们无法享受到父母在思想认识及价值观念上的引导和帮助,成长中缺少了父母情感上的关心和呵护,有的孩子产生认识、价值上的偏离和个性、心理发展的异常,"我不要新衣服,我要爸爸妈妈""我想和你说说话",很多留守儿童缺乏的不是物质丰富不丰富,而是缺乏关爱、抚慰。在家庭教育缺失的情况下,就需要幼儿园这样的社会教育机构弥补家庭教育缺陷,对于留守儿童,就需要幼儿园老师以更多爱心、耐心、细心和责任心给予帮助。

（1）幼儿园可以建立留守儿童情况登记表，建立留守儿童档案，全面了解留守儿童的家庭情况、身体状况、心理状况、兴趣爱好等基本信息。幼儿园还可以建立"聊天室"，可利用视频、电话等途径做好留守儿童的家长工作，教育他们多和孩子聊聊天、通一下视频，让孩子们感受到爸爸妈妈尽管不在身边，但是心里是牵挂他们的、是爱他们的。

（2）幼儿园教师经常对留守儿童进行心理健康教育，要引导幼儿感知、体验父母亲的辛苦，可以创设"悄悄话"的区域，孩子们有什么不愉快的事情可以到"悄悄话"区域和老师、同伴说一说。当孩子们出现生活上的困难、问题时，幼儿园教师可以行使家长的职能，做"代管家长"，经常和这些孩子交谈、玩耍，让孩子们知道生活中遇到"麻烦事"可以找老师这个"第二妈妈"。对一些行为有偏差和心里有障碍的留守儿童，可以开展心理咨询、心理矫正活动，定期开展一些情感教育、独立生活教育，使孩子们感受到关爱的同时，引导他们体验生命成长的快乐和幸福，树立乐观向上的生活态度。

（3）幼儿园老师要多包容留守儿童。留守儿童因为缺少父母引导和呵护，极易产生认识、价值上的偏离和个性、心理发展的异常，有时会做出一些偏激的事情。这时，幼儿园教师不能一味地责备，应该采用个别谈心法与留守儿童谈心，说明道理，正确引导他们走出迷区。

孟子说过"老吾老以及人之老，幼吾幼以及人之幼"，幼儿园老师只要以爱心、耐心、信心真诚地对待有特殊需要的孩子，这些孩子也会拥有更加灿烂的明天。

第十章

幼小衔接的理论与实施

　　幼儿园和小学这两个学段的教育对象的身心发展特点表现出具体的差异性,导致这两个学段在教育内容、教学方式、教学组织形式、教育评价等各方面的教育特点不同。为了确保孩子们从幼儿园生活顺利过渡到小学生活,幼儿园与小学的衔接工作也成为幼儿园教育工作的重要组成部分。

第一节　幼儿园与小学衔接概述

　　儿童将在人生的第六个年头进入小学,虽然现在已经基本普及了学前教育,但是社会上仍然将这个节点作为人生"正式学习"的起点,对儿童寄予许多期待。幼儿园与小学的衔接简称幼小衔接,是幼儿园大班进入小学一年级,此时期恰好是结束幼儿园时期,开始接受正规小学教育的初期,也是幼儿心理发展的一个转折期。对待幼儿园与小学衔接过渡环节,成人社会是采取连贯、渐进的态度,还是断裂、速成的态度,塑造着幼儿园和小学低学段两个阶段的教育,对每个人起始阶段的素质结构和后续持续发展都有重要影响。

一、幼儿园与小学衔接的意义

　　随着经济社会的发展,学前教育改革发展的大环境发生了巨大变化,特别是在《国家中长期教育改革和发展规划纲要(2010—2020 年)》总体规划下,国务院立即颁布了《关于当前发展学前教育的若干意见》,促进了学前教育事业规模不断扩大,基本实现了普及、普惠,将学前教育的目标从幼有所育提升到了幼有优育。因此,陆续出台相关政策来促进幼小衔接工作的科学有序推进。

2016 年,推进幼儿园管理规范化和科学化的需要,新修订的《幼儿园工作规程》提出"幼儿园和小学应当密切联系,互相配合,注意两个阶段教育的相互衔接。幼儿园不得提前教授小学教育内容,不得开展任何违背幼儿身心发展规律的活动。"2018 年,《关于学前教育深化改革规范发展的若干意见》部署开展幼儿园"小学化"专项治理行动,要求"小学起始年级必须按国家课程标准坚持零起点教学"。2019 年,《关于深化教育教学改革全面提高义务教育质量的意见》明确要求"小学一年级设置过渡性活动课程,注重做好幼小衔接"。

幼儿园与小学是邻近的教育阶段,但是两种教育机构的教育方式有较大区别,使初入小学的孩子可能会出现种种不适应的情况,主要表现在生理上身体不适、食欲不振、睡眠不好,心理上缺乏自信、焦虑、自卑,同学之间关系紧张、恐惧老师等社会性问题,以及学业上厌学、学业失败率高、逃课现象严重等问题,甚至有些孩子说想当奶奶,因为奶奶不用去学校或者想变成宠物来逃避学习。2016 年,杭州师范大学举办长三角首届"幼小衔接与儿童发展"高峰论坛,华南师范大学科教院教授、博导袁爱玲博士"基于幼儿终生发展,如何做好有效衔接"的主题分享提到,教育部与联合国儿基会"幼小衔接"项目的调查发现,从幼儿园到小学,幼儿顺利过渡的有 40%、适应困难的有 60%,适应困难主要体现在学习适应性困难和社会性适应困难。①

2021 年教育部颁布《关于大力推进幼儿园与小学科学衔接的指导意见》强调幼小衔接是一项系统工程,需要幼儿园和小学等各部门都积极参与进来,合力改变长期以来存在的幼儿园和小学教育分离、衔接意识薄弱、过度重视知识准备、衔接机制不健全等问题,其附件《幼儿园入学准备教育指导要点》和《小学入学适应教育指导要点》分别对幼儿园的入学准备教育和小学的入学适应教育围绕身心准备与适应、生活准备与适应、社会准备与适应

---

① 袁爱玲."基于幼儿终生发展,如何做好有效衔接"讲座[EB/OL]. https://www.sohu.com/a/219876539_100018311

以及学习准备与适应四个方面明确了发展目标、具体表现和教育建议,提出了具体、可操作的指导要点。①

国家从人力资源大国向人力资源强国的转变离不开保障每个人一生的持续发展,早期发展是后续发展的基础,从这个意义上说,"幼小衔接"问题不容小觑。搞好幼儿园与小学的衔接工作,是幼儿园的基本教育任务之一。

二、幼儿园与小学不衔接的原因

幼儿园与小学不衔接的原因主要有两个:一是学前阶段与小学阶段不同的教育特点;二是儿童身心发展的阶段性与连续性规律。

1. 学前阶段与小学阶段不同的教育特点

(1)生活方式不同。学前阶段的生活节奏是宽松而平缓,保教活动中以游戏居多,生活作息没有强制性要求,幼儿大部分的生活时间在进餐、饮水、睡眠中度过,智力活动的时间比小学少。比如,幼儿园要求2个小时的午睡时间,并且有床铺;小学阶段的生活节奏快而紧张,作息制度严格,根据不同的学校管理制度,有些小学中午只有半个小时的午睡时间且没有备用床铺,教师几乎不过问学生的生活活动,完全要孩子们自理。

(2)人际关系不同。学前阶段教师与幼儿个别接触机会多、时间长,由于教室要照顾到幼儿的生活及学习活动各方面,关系密切,甚至可建立母子般的情感,幼儿对老师的依赖感强,幼儿之间经常一起做游戏,相处轻松融洽;小学阶段师生接触主要在课堂上,个别接触少,涉及面窄,教师关心的更多是学生的学业,除了班主任,科任老师都是上课来、下课走,师生的距离感逐渐拉大,同学之间也会逐渐出现学业竞争等现象。

(3)学习方式不同。学前阶段的主导活动是丰富多彩、室内室外的各种游戏,幼儿在游戏中锻炼能力、在一日生活各环节中获得经验,教师的指导方式是参与、合作、组织,一般没有作业的要求,也没有各种考核;小学阶段

---

① 教育部.构建幼小科学衔接机制 全面提高教育质量[EB/OL].中华人民共和国教育部.http://www.moe.gov.cn/jyb_xwfb/s271/202104/t20210409_525364.html.

的主导活动是不同学科文化知识的学习,除了体育课,上课地点就是固定在教室,教师的指导方式、教学方法相对单一、固定,主要是讲授法、谈话法,还会布置课内练习、课后作业,考核最主要的形式是考试,基本每周都要举行考试,学习成为孩子必须完成的任务。

(4)学习环境不同。学前阶段的教室环境布置丰富多彩,教室里面根据五大领域的发展要求设置不同的活动区角,在每个区投放了丰富的玩具和材料供幼儿使用,幼儿可以自由地选择感兴趣的区角并与不同的同伴交往,此外,每个班级都有配套的睡房兼游戏区、生活区,不需要与其他班级及年级抢占资源和场地。小学阶段的教室环境布置相对单调统一,桌椅摆放固定,整个教室偏重浓厚的学习氛围,学生在教室内的活动仅限于座位周边,室外活动场地和器械也不多,且经常被高年级学生占用。

2. 儿童身心发展的特点不同

儿童的成长是一个由量变到质变的发展过程,有一定的阶段性,各个阶段有不同的特点,虽然幼儿园和小学都比较重视阶段性,但是忽视了阶段之间的过渡。幼儿的心理活动以无意性的心理活动为主,主要是具体形象的思维;而小学生心理活动的有意性逐渐增强,思维由具体变抽象,这些都是儿童身心发展特点的差别。[①]

幼儿园和小学衔接是双向互动的衔接,如出现不适应的问题,双方就不能互相推卸责任或指责对方,而应当共同协作,在发展中找到平衡,共同为幼儿顺利过渡到小学生活做出各自的努力。

三、幼儿园与小学衔接工作遵循的原则

幼小衔接是幼儿园进入小学的过渡阶段,孩子们要想顺利过渡,需要幼儿园和小学相互衔接、共同努力,学前教育工作者要努力做好幼儿园阶段的衔接工作,幼儿园实施幼小衔接工作要遵循以下原则:[②]

① 李季湄.幼儿教育学基础[M].北京:北京师范大学出版社,1998:236.
② 李季湄.幼儿教育学基础[M].北京:北京师范大学出版社,1998:238-239.

1. 长期性而非突击性

幼儿园教育是学校教育和终身教育的奠基阶段,也是终身教育的重要组成部分。因此,应把幼小衔接工作置身于终身教育的大背景下,而不应当把它仅仅视为两个教育阶段的过渡考虑。幼儿顺利适应小学只是幼儿园教育的近期目标而已,仅是实现幼儿园教育长远目标的一个组成部分,所以说幼儿园的教育成效不是短期内能够看得见的。

对幼儿园来讲,幼小衔接工作开展的时间,不仅仅是指大班后期,而应贯穿于幼儿园教育的各个阶段;这就不仅需要教师,而要包括幼儿园全体人员、家长及有关社会人群的相向而行。对小学来讲,也不能仅仅把衔接工作看成是幼儿园的事情,而应当遵循素质教育的精神,改革不适合儿童发展的教育形式、方法等。

2. 整体性而非单向性

幼儿教育的最终目标是要促进幼儿全面发展、身心和谐发展,幼小衔接应当从幼儿体、智、德、美、劳各方面全面进行,不应偏重某一方面。在幼小衔接中,偏重"智"的倾向比较严重,一说到幼小衔接,很多人误认为就是让幼儿学拼音、识汉字、做算术题,这种做法是短视的、功利的,也是违背儿童身心发展规律的。要搞好幼小衔接工作,在全面发展教育过程中培养他们入学所必须的各种基本素质,例如,社会交往、自我调控、规则意识、专注坚持等;入学准备教育应注重身心准备、生活准备、社会准备和学习准备等方面的有机融合,不应片面追求某一方面或几方面的准备。

3. 适应性而非小学化

在幼小衔接工作中的另一误区就是小学化。有些教师认为,幼小衔接就是将小学一年级的知识提前到幼儿园大班来完成,让幼儿提前像小学生一样学习。在实际教学中主要表现为:一是教学内容,采用小学的教材,提前学习汉语拼音、书写汉字、数学计算等;二是教学方式,采用讲授法灌输知识,并布置作业,剥夺孩子的游戏时间;三是小学环境,采取小学课堂的布置,过早地约束孩子的行为。事实证明,幼儿园小学化完全违背了幼儿身心发展的规律,从而造成儿童怕学、厌学、养成不良学习习惯。

幼儿园的幼小衔接工作的重点应当放在培养幼儿的入学适应性上,而非知识技能训练上,让幼儿能够从生活习惯、学习方式、学校环境等身心方面全面适应。并且通过小学低年级教师的配合,帮助幼儿顺利完成幼小过渡。

第二节　幼小衔接的思想与理论

幼小衔接是一个国际化议题,很多国内外学者都提出了关于幼小衔接的思想和理论。

一、幼小衔接的相关思想

幼小衔接并不是新时代的产物,早在 17 世纪捷克著名教育家夸美纽斯在其著作《母育学校》一书中就提到"父母没有准备就将其子女送往学校是不智之举,这如同小女奔往市场或羊群闯入牛群一样。"①这就是最早期的幼小衔接思想。在历史的发展中,很多中西方教育家都意识到了幼小衔接的重要性,幼儿园之父福禄贝尔就曾提出"中间学校"说明幼儿园和小学之间将会有一个过渡阶段,让幼儿能够有充分的时间去做好准备并逐渐在这个阶段调整适应。

在我国学前教育快速发展和变革的过程中,陈鹤琴、张宗麟等幼儿教育家都提出了关于幼小衔接的思想,陈鹤琴认为造成幼小不衔接的主要原因就是两个阶段的学习相脱节,没有一个联结,他建议幼儿园教师和小学一年级教师由同一个人担任;②张宗麟也赞同陈鹤琴的思想,认为解决幼小衔接问题的关键之处就是幼儿园和小学的课程教学标准。两位先生对幼小衔接提出的实施策略对我们当今的学前教育仍然有借鉴作用。

---

① 任钟印.夸美纽斯教育论著选[M].北京:人民教育出版社,2005:71.
② 北京市教育科学研究所.陈鹤琴论幼儿教育[M].北京:北京出版社,1985:79.

二、幼小衔接的相关理论

1. 皮亚杰认知发展阶段理论

瑞士儿童心理学家皮亚杰在其发生认识论、运算逻辑和儿童心理学体系中提出关于儿童认知发展可以分为四个阶段的理论即认知发展阶段理论。[①]

(1)感知运动阶段(0~2岁)。这个阶段相当于婴儿期,这是语言和表象产生前的阶段。本阶段主要特点是儿童只是依靠感知动作适应外部世界,构筑动作格式。本阶段儿童在认知上的主要成就是主体和客体分化和因果联系的形成。

(2)前运算阶段(2~7岁)。前运算阶段较之前一阶段其质的飞跃表现在由于信号功能或象征功能的出现,这一阶段的儿童开始从具体动作中摆脱出来,可以凭借象征性格式而在头脑里进行表象性思维。这一阶段还可再分为前概念或象征思维阶段(2~4岁)与直觉思维阶段(4~7岁)这样两个小阶段。

(3)具体运算阶段(7~12岁)。这一阶段的儿童认知和思想有两个特点:一是思维开始具有较大的变易性,出现了可逆性,能解决守恒问题,能凭借具体事物或形象进行分类和理解逻辑关系;二是能对具体事物进行群集运算,包括组合性、逆向性、结合性、同一性、重复性或多余性等运算。但由于这一阶段的运算仍脱离不了具体事物或形象的支持,所以,其运算还是零散的、孤立的,难以组成完整的系统。

(4)形式运算阶段(亦称命题运算阶段)。本阶段的最大特点在于儿童思维已能摆脱具体事物的束缚,不受具体事物的内容局限,能把形式与内容分开,进行抽象的逻辑思维,即能运用符号进行命题演算,能根据假设进行逻辑推理。在这一阶段里,尽管儿童少年并未意识到某些形式运算结构的存在,但能运用这些结构去解决实际问题。

---

① 彭漪涟.逻辑学大辞典[M].上海:上海辞书出版社,2010.

皮亚杰的这一理论第一次详尽阐述了儿童思维发展的基本阶段,为后人进一步对儿童思维发展过程及规律的研究做出了重要贡献。随着时间的推移和人们对有关问题研究的深入,心理学家也提出了这一理论的某些不足之处。

2. 人类发展生态学理论

美国学者布朗芬布伦纳认为儿童的发展受到与其有直接或间接联系的生态环境的制约,这种生态环境是由若干个相互镶嵌在一起的系统所组成的,这些系统表现为一系列的同心圆。

(1)微观系统。微观系统是指儿童生活的场所及其周边环境,如家庭、幼儿园或学校、邻居和社区。

(2)中间系统。中间系统是指处于微观系统中任意两个事物之间的关系,对儿童的发展有很大的影响,如家庭与幼儿园、社区与幼儿园、家庭与社区的关系。

(3)外层系统。外层系统是指对儿童的发展有间接影响的事物,这些都会渗透到成人和儿童的相互作用中,如监护人的工作场所、家庭生活条件、各种视听媒体等。

(4)宏观系统。宏观系统是指儿童所处的社会文化环境,包括价值观念、信仰和信念、历史及其变化、政治和经济、社会机构等。

(5)时代系统。时代系统是指儿童所生活的时代及其所发生的社会历史事件,如新时代、IT 时代等。

每一个系统都对儿童的发展有着复杂的生态学意义;各个系统是相互联系、相互制约的,其中任何一个系统的变化都会波及另外一个系统;儿童的发展过程是其不断地扩展对生态环境的认识的过程,从家庭到幼儿园再到社会;儿童的生态过渡对其发展具有举足轻重的作用。

3. 哈克幼小衔接断层理论

德国哈克教授对幼儿的幼小衔接进行了深入观察和研究,发现他们在此阶段存在六个方面的断层现象。①

---

① 王余幸.小学新生适应不良成因探析[J].现代中小学教育,2007(8):38.

（1）关系人的断层。幼儿进入小学后，将会离开温柔可亲的幼儿园教师的呵护，要面对要求严格、学习期望高的小学教师，这个转变会让幼儿产生压力和负担的心理。

（2）学习方式的断层。小学中以课堂教学为主、作业练习为辅的科目学习方式与幼儿园游戏、生活相结合的学习方式有较大区别，这个转变孩子需要有一定的适应时间。

（3）行为规范的断层。通常在幼儿园被认为是理所当然的个人要求，在小学却不再被重视，孩子入小学后，必须学会正确地认识自己，融入集体，他们以往的感性将渐渐被理性和规则所控制。

（4）社会结构的断层。孩子进入小学后将要与原来的小伙伴分离，在新的环境中重新建立新的人际关系，重新定位自己在班集体中的位置并寻求同伴及教师的认同。

（5）期望水平的断层。小学与幼儿园教育目的的不同，导致家长和教师都会对上了小学的孩子给予新的期望，很多家长为了学业而减少了孩子游戏活动的时间；同时教师对孩子的认同也有所不同。

（6）学习环境的断层。哈克教授的研究对我们做好幼小衔接的工作具有借鉴的意义。

第三节　幼儿园与小学衔接存在的问题

在一项对小学一年级新生的调查中显示，许多儿童认为写作业是帮家长和老师完成任务，检查作业、准备学习用品等事情都应该由家长来做。曾有一个孩子理直气壮地对妈妈说："您为什么不帮我把铅笔削好，害得我今天上课没笔用，老师都批评我了"。还有一个孩子上课不会记作业，回家后不知道该写什么。妈妈打电话去问别的同学，一连问了八个同学，结果问出了八种不同的作业。原来，这八个孩子记的作业都是不一样的。

很明显，案例中孩子的行为表现就是不适应小学生活，由于家长和幼儿园教师平时对幼儿的事情包办过多，不给幼儿独立完成某种任务的机会，导致幼儿独立完成任务的意识和独立完成任务的能力差。

在幼小衔接工作过程中,出现了很多误区,是家长和教育工作者需要澄清的。幼小衔接的误区主要表现在以下六个方面:

一、幼小衔接的小学化

幼小衔接的小学化就是幼儿园及教育者错误地认为幼小衔接就是在幼儿园提前开设小学一年级的课程或者将小学对学生的行为规范要求搬到幼儿园,违背幼儿园小朋友的学习特点和学习方式,导致幼儿园教育小学化现象非常严重。2018 年 7 月教育部办公厅颁布施行教基厅函〔2018〕57 号《关于开展幼儿园"小学化"专项治理工作的通知》。

二、幼小衔接的片面化

幼小衔接的片面化就是错误地认为幼小衔接就是单纯地强调知识的储备,只关注孩子能够认识多少汉字、会算几位数的加减法,忽视了幼儿学习兴趣、学习习惯、独立生活能力、人际交往能力等 21 世纪人才核心素养的培养;并且家长认为小学以学业为主,只要学习成绩好就可以了,以为孩子只要知识多、智商高就不愁入学适应问题。①

三、幼小衔接的单向化

幼小衔接的单向化问题就是错误地认为幼小衔接仅仅是幼儿园的职责,忽视了小学也需要做好协调工作及一年级的衔接工作,出现了幼儿园"一头热"的现象;往往强调幼儿园教师在幼小衔接工作中的职责,忽视了家长也是幼小衔接工作的重要力量,甚至出现家长无法理解幼小衔接,把孩子从公立幼儿园转入民办幼儿园接受小学化的学习。

---

① 蔡迎旗.学前教育概论[M].武汉:华中师范大学出版社,2006:239.

四、幼小衔接的盲目化

部分幼儿园的幼小衔接工作缺乏明确目标,容易受到家长落后教育理念的影响。有的家长出于短期需求、功利教育的影响,认为入学前应该让幼儿学会拼音、书写,学会做数学题,希望对幼儿进行超前训练,而部分幼儿园尤其是民办幼儿园一味地迎合家长的不合理需求,影响幼小衔接工作的科学实施和推进。

五、幼小衔接的突击化

幼小衔接的突击化就是错误地认为幼小衔接工作就是到大班着手准备进行突击,忽视了幼小衔接工作应该贯穿整个幼儿教育阶段,是一项长期的工程,因为西方对幼小衔接的最新研究中认为幼小衔接不是一个事件,而是一个过程。① 正是因为这样的一个误解,经常听到幼儿园家长们在讨论"我们已经5岁了,要上一个幼小衔接班才能为今后进入小学做好准备了,否则进入了一年级,孩子就会完全跟不上了"。

六、幼小衔接的形式化

幼小衔接的形式化就是认为幼小衔接工作就是到大班,改变课桌的摆放形式、增加集体教学活动的数量、延长集体教学活动时长、减少游戏时间及游戏活动次数、组织幼儿前往小学参观等。忽视了幼儿的适应能力、有意注意的持久性、学习的自主性、积极性、自制力等学习品质的养成。②

---

① 张家琼.学前比较教育[M].重庆:西南大学出版社,2016:181.
② 蔡迎旗.学前教育概论[M].武汉:华中师范大学出版社,2006:240.

第四节　幼儿园与小学衔接的实施

2021年3月,教育部发布《关于大力推进幼儿园与小学科学衔接的指导意见》(教基〔2021〕4号),对幼儿园与小学的科学衔接工作提出了总体要求及主要举措等意见,并且对幼儿园入学准备教育及小学入学适应教育提出了具体的指导要点,为幼儿园与小学的科学衔接指明了方向。

一、幼小科学衔接的转变

"再过几天就要上小学了,就可以跟哥哥姐姐一样穿着漂亮的校服去学校了,还有漂亮的书包可以背,太高兴啦!"马上要上一年级的小朋友很开心地说。

"女儿就要上小学了,可是我好担心啊,不知道她能不能适应小学生活啊?"家长却一副担心不已的样子。

开学第一天,站在校门口接到了排着队由老师领出来的孩子。"今天上了什么课?""不知道。""今天做了什么?""不知道。""今天老师布置了作业吗?""不知道。"……

从幼儿园到小学,不仅只是学段的一个改变,幼儿要面临身心的第一个重要过渡期,幼小衔接的经验对孩子的影响力是长久的,甚至对孩子未来的兴趣发展和成就有影响。《关于大力推进幼儿园与小学科学衔接的指导意见》明确提出衔接工作应该遵循的原则之一是坚持双向衔接,幼小衔接是幼儿园和小学共同的责任,要有衔接意识,幼小协同合作,科学地做好入学准备和入学适应,减缓坡度,促进儿童顺利过渡。[1]

---

[1]　教育部.《关于大力推进幼儿园与小学科学衔接的指导意见》.教基〔2021〕4号,2021-3-31.

二、幼小科学衔接的目标

幼小衔接应该聚焦幼儿园和小学两个主体围绕儿童的身心准备与适应、生活准备与适应、社会准备与适应、学习准备与适应四个方面着手进行。这四个方面是整体的、互相渗透的,不应该强行将其割裂来看待,同时要将其内容和目标融入幼儿园的一日生活、游戏活动以及小学的教学当中,通过循序渐进的方式让幼儿通过感知、实际操作等亲身经验为小学入学做好全面的准备(表 10-1)。

表 10-1　幼儿入学准备和小学入学适应的目标

目标 方面	幼儿园入学准备	小学入学适应
身心方面	向往入学、情绪良好、喜欢运动、动作协调	喜欢上学、快乐向上、积极锻炼、动作灵活
生活方面	生活习惯、生活自理、安全防护、参与劳动	生活习惯、自理能力、安全自护、热爱劳动
社会方面	交往合作、诚实守规、任务意识、热爱集体	融入集体、人际交往、遵规守纪、品德养成
学习方面	好奇好问、学习习惯、学习兴趣、学习能力	乐学好问、学习习惯、学习兴趣、学习能力

三、幼小科学衔接的主体

幼小衔接不仅只是狭义地理解为幼儿园、小学的双向对接,还涉及家长、社会等对幼小衔接的影响,因此需要多方协调合作,携手做好幼小衔接工作。

1. 幼儿群体

毫无疑问,幼儿是幼小衔接的主体。幼小衔接的过程中,幼儿的身心健康成长决定了衔接工作的成效。

2.教师群体

教师肩负着幼小衔接的重要责任,教师的一言一行对于儿童都会产生很大的影响,在启蒙教育阶段教师要激发并保护儿童的学习兴趣,让儿童能在日常的学习和生活中形成良好的习惯。

3.家长群体

幼小衔接教育要顺利进行与开展,是需要幼儿园、小学、家庭和社会各方的全方位共同努力的。家庭教育的作用是不可忽视的,因为家长的言行举止对儿童有着潜移默化的影响,尤其是家长的教育理念,会直接影响到幼小衔接工作的开展效果。

4.教育行政部门

相关教育管理行政部门要根据国家的教育政策和方针,制定科学的发展计划,关注教育改革的重点问题,履行管理职责,重视教育科研、合作、整合,为幼小衔接做好指导工作。

四、幼小科学衔接的途径

幼小科学衔接的途径可以通过幼儿园和小学两个责任机构连结起幼儿、家长、社区、教育等行政部门共同参与实施,帮助幼儿做好平稳过渡。

(一)教育行政部门做好政策保障

国家教育行政部门将针对目前幼小衔接实施的现状进行有组织地课题研究,研究成果将作用于制定或修订相关的政策尤其是调整相应的教育大纲;在幼小衔接的理念下,对幼儿的游戏、劳动、学习和生活进行有明确目的的指导,使幼儿的体、德、智、美、劳诸方面在各年龄阶段都得到全面的良好的发展。同时,也要兼顾指导和监督幼小衔接工作的落实情况,能够基于《幼儿园保育教育质量评估指南》评估幼小衔接相关工作,各地方行政部门则根据当地的实际情况制定更为具体的幼小衔接实施方案。

(二)社区更新观念形成合力

《幼儿教育指导纲要》中明确提出幼儿园要与社区紧密合作,利用社区宣传育儿知识、开展有益于幼儿身心健康发展的社区亲子活动、文化活动，并争取让社区能够参与幼儿园的建设中来，为幼儿的发展提供良好的环境。

1. 合理利用社区的资源

社区中潜藏的优质资源很多，可以整合各行各业的工作者，从各自的专业角度共同为幼小衔接的推广起到正向的支持作用。例如，可以让幼儿通过了解不同的职业对工作岗位有所了解，并能体会劳动者的辛劳，尊重各行各业的劳动者，形成正确的劳动价值观。

2. 为社区建设贡献力量

幼儿园可以发挥教师的专业优势，为社区群众举办教育讲座，开设跟家庭教育等有关的宣传专栏，宣传幼小衔接的理念并指导实施。积极主动地根据社区的需要相互配合，例如，开展文娱活动，让社区的家庭参与进来，合力实现儿童共育。

(三) 家园合作保障顺利实施

家长是孩子的第一任教师，家庭教育是孩子成长的基础，家长在幼小衔接过程中起着督促、陪伴、引导、支持的作用，并关系着幼小衔接工作的顺利实施。

1. 不断提高自己的教育理念

家长要懂得改进教育方法，主动通过各种渠道了解幼小衔接。家长的观念不改变，将会成为幼儿成长过程的障碍。

2. 监督幼儿有规律地生活

家长要让孩子养成能够自己整理文具、作业、书本等习惯，养成自己的事情自己做的生活自理及独立能力。父母不包办、不溺爱，学会放手。

3. 帮助幼儿适应新环境

利用业余时间带孩子熟悉小学环境，刚入学家长宜陪着复习功课，倘若入学后出现不良情绪，可采用陪读方式，但是要配合系统脱敏方式，给予调适时间，循序渐进地进行直到不需要成人陪伴为止。

4. 情感上多给关心鼓励

家长学会倾听、关注、洞察和反思，不能随意打断孩子的说话、做事，给孩子充分的自由空间,让孩子从内心真的认为我已经长大成为小学生了。

(四)幼儿园与小学双向衔接

幼小衔接相关方最核心的就是幼儿园和小学两个教育机构。因此,两者应当适当地调整相互关系,解决两者之间存在的衔接不对称等问题,为幼儿顺利过渡提供良好的环境和条件。

1.开展联合活动及教研

幼儿对小学的态度、看法、情绪状态等,与入学后的适应关系很大。为此,幼儿园应当通过各种教育活动,培养幼儿对小学生活的喜爱与向往,培养为做一个小学生感到自豪的积极态度。幼儿园要加强与小学的合作,组织专题活动,引导幼儿逐步了解小学、喜欢小学,最终愉快、自信地跨入小学。例如,幼儿园可以通过毕业典礼,发放毕业证,赠送书包、文具,请小学生回园汇报;请小学教师来园与孩子们交谈,介绍小学生活并给孩子上模拟表演课;组织幼儿参观小学校园,观摩小学生上课、做作业和开展活动等,通过这一系列的活动,可以在一定程度上激起孩子上小学的愿望,并对入小学有一定的正确的思想准备。①

园校结对实现双向奔赴。根据实际,积极探索按学区、教育集团、生源流入情况等方式就近结对,建立幼小衔接结对园、校学习和教研共同体,实现幼儿园与小学结对全覆盖,保证所有幼儿园和小学建立结对关系。幼儿园与小学教师可以通过角色互换、互动评课、面对面座谈等形式,加强教师在教学理念、教学内容、教学方式、家长工作、管理制度等方面的研究交流,采取研究课程衔接、积累典型案例、建立资源库等方式将幼儿园"单向对接"转变为幼小"双向驱动"。

2.重新建立师幼关系

幼儿园的孩子由于年龄、身心发展等原因与老师之间的关系如母子般的亲密,孩子对老师的依赖感非常强,教师要让学生能够锻炼自主意识。幼儿进入小学后,教师跟学生的关系不再像幼儿园那么亲密,容易导致学生产生心理断层,从而引起厌学、逃避去学校的情绪,因此,小学教师可以通过查

---

① 蔡迎旗.学前教育概论[M].武汉:华中师范大学出版社,2006:243.

阅幼儿成长档案与家长、幼儿园教师交流等了解新生的基本情况,让每位儿童都能拥有安全感、亲切感、归属感,都能感受新集体的温暖,感受老师同学们的友爱。这是幼小顺利衔接的关键一步,因为帮助儿童保持良好的情绪状态,有助于儿童尽快适应小学新的环境和人际关系。

3.逐步改变幼儿的规则意识

幼儿园要在高年级逐渐缩短休息、游戏和生活的时间,延长上课的时间,并让幼儿明白课程之间的节数概念。从小班就开始逐步安排幼儿力所能及的任务,比如分发餐盘,收拾桌椅,整理床铺等,培养幼儿热爱劳动的品质。

小学则要考虑适度调整作息安排、创设与幼儿园相衔接的班级环境。在班级提供一定数量的图书、玩具和操作材料,帮助儿童逐渐适应从游戏活动为主向课堂教学为主的转变。师生共同制定班级规则,培养孩子的集体意识;组织开展小组游戏、集体活动让学生感受集体生活快乐的同时增强归属感和集体荣誉感。班级安排值日生打扫教室卫生、班级区角卫生及负责班级同学的午餐分配与整理等,在日常生活中培养儿童的良好品德,增强集体责任感。学生要有安全意识,课间不追逐打闹,并且在发生意外的时候能够懂得用正确的方式自救。

4.发展幼儿基本学习素养

幼儿园阶段培养幼儿良好的学习习惯,帮助他们打下今后学习的基础。比如培养阅读图书的习惯、注意力集中的习惯、专注做事的习惯、遇到困难认真思考独立解决的习惯等;培养幼儿良好的非智力品质,比如认知兴趣、学习积极性、意志力、坚持性、自信心等,引导幼儿从被动的“要我学”变成主动的“我要学”;发展幼儿的思维能力和基础能力,思维能力是智力的核心,要注重发展幼儿观察、比较、分析、推理等思维能力,以及手眼协调、空间方位知觉能力、识记能力、语音辨别能力等基础能力。

小学阶段要根据儿童的特点和认知规律,适度调整一年级课程安排,适度减少课程内容,减缓教学进度,使课程衔接有坡度。特别要改变学习方式,适度开展儿童能参与的综合性实践活动,尽量采取游戏化、生活化、活动化的学习方式;强化儿童探究性、体验式的学习。另外,小学教师要注意不能仅仅以分数作为衡量儿童的唯一标准,而应该给予客观全面的评价。

因此,教师要通过多种方式提升自身的专业技能和理论基础,幼小衔接不仅关系着幼儿入学后的生活质量,也关系着在小学的学习质量。

五、幼小科学衔接的案例

2021年出台的《教育部关于大力推进幼儿园与小学科学衔接的指导意见》(以下简称《指导意见》)要求试点先行,精心部署落实。2021年,铜仁市教育局制定了《铜仁市幼儿科学衔接入校(园)指导及培训活动方案》(以下简称《方案》),《方案》要求在学习解读《指导意见》的基础上,邀请教育行政相关部门领导、业内及高校专家、幼儿园园长、一线教师等参与具体实施方案的制定,主要从六个方面来促进衔接。

(一)环境衔接

促进儿童身心全面发展为目标,从儿童的身心适应、生活适应、社会适应和学习适应四个方面主动向幼儿园衔接,提供幼儿入小学的"平缓过渡"期,而非急拐弯,遵循《3~6岁儿童发展与学习指南》五大领域协调发展的理念,对一年级学生活动区域从八个方面进行改造。

(1)阳光艺创中心。此中心主要是从艺术领域出发,把"艺术的种子"种在这里,借此引导学生用心灵去感受和发现美,用自己的方式去表现和创造美,丰富其想象力和创造力。在阳光艺创中心主要开展与地方特色相关的艺术活动,学生创造的作品可以陈列在展示区;学校定期组织开展义卖活动,鼓励学生将艺术作品进行义卖,所得收益用于资助学校特困生,在熏陶艺术感的同时也获得了成就感、增强了社会责任感。

(2)体能拓展中心。此中心是考虑到小学一年级是儿童身体发育和机能发展极为迅速的时期,也是形成安全感和乐观态度的重要阶段。发育良好的身体、愉快的情绪、强健的体质、协调的动作、良好的生活习惯和基本生活能力是幼儿身心健康的重要标志,也是其他领域学习与发展的基础。因此,为有效促进幼儿身心健康发展,给予一年级学生适宜的锻炼,满足生长发育的需要,学校创设了这个体能拓展中心。在这个区域可以开展比幼儿园难度略高的平衡、协调、跑跳、钻爬、攀登、投掷、拍球、力量、耐力和手的灵活等丰富多彩的体育活动。

（3）阳光音乐小课堂。根据《义务教育艺术课程标准》第一学段目标,结合《3～6岁儿童学习与发展指南》的相关内容,让孩子们接触多种形式的音乐作品,丰富幼儿对音乐的感受和体验而设立的。把具有地方特色的乐器移植其中,在这个区域可以开展多种形式的音乐、律动、舞蹈活动。通过多种方式引导学生走进音乐,在亲身参与活动的过程中喜爱音乐,掌握音乐的基本知识和基本技能,逐步养成欣赏音乐的良好习惯。

（4）共享阅读中心。此中心是考虑一年级学生的身心发展特点与现有知识储备、学生识字数量有限等因素而设立。该区域准备了符合一年级学生年龄特点、富有童趣的绘本、图画书等,从鲜明的图像中学到新知。在激发学生的阅读兴趣、培养阅读习惯的同时,培养孩子乐于分享的好品质。

（5）植物科普。此科普区布满了丰富多彩的植物,配合墙面的展示区和记录柜,学生可以动手实践,亲手栽培植物,并可实时记录各种植物的生长过程,能更直观、更形象的去认识植物的特点。

（6）共享科技中心。此中心是为了更好地培养学生的科学素养与科学精神而设立。在一年级阶段开设科技创新课程,选择适合一年级的科技内容学习,使学生掌握一定的科学知识和创新方法,打开学生的创新思路,激起学生自主探究的兴趣。

（7）涂鸦区。此区是依据义务教育第一学段孩子的身心发展,为了丰富孩子内心世界,让孩子在凌乱的线条和图形之中感受快乐,提高其形象思维能力而设立。用新颖的方式体现艺术作品,用开阔的思维想象艺术作品,涂鸦墙能使孩子们变得充满智慧、自信、创新、快乐,为幼儿艺术活动的发展提供了又一范本。

（8）班级文化建设区。此区是考虑班级是每个学生在校生活的"家",它与学生学习成长息息相关,是学生实现成长和社会化的重要基地。刚升入小学的孩子,需要给他们营造一个民主、和谐,涌动着生气、活力的班级氛围,它自觉或不自觉地通过一定的形式融会到班级集体同学的学习、生活等各个方面中,形成一种良好的自觉的行为习惯,潜移默化地影响着他们的行为;并有利于培养良好的人际交往,让班级成为学生向往的乐园。

(二)教学衔接

为了激发孩子的主动性与参与性,老师们充分采用游戏化、生活化、综合化等方式进行教学,让学生通过探究式、体验式的方式去探究新知,最大限度地去吸引了学生的注意力,让全体学生参与课堂,在玩中学、学中玩,以发展孩子"听、说"能力,我们将从孩子们的知识、情感、心理、行为习惯上加强引导,在学习形式、学习方法等方面进行积极探索,帮助孩子们顺畅地从幼儿园向小学过渡。一年级的语文和数学老师都根据探究式、游戏式、体验式的学习方式重构教学,将课堂从室内转移到操场、阅览室等室外场所进行,极具趣味性,教育教学方式与幼儿园教育相衔接。

(三)课程衔接

国家修订义务教育课程标准,调整一年级课程安排,合理安排内容梯度,减缓教学进度。小学将一年级上学期设置为入学适应期,重点实施入学适应教育,地方课程、学校课程和综合实践活动主要用于组织开展入学适应活动,确保课时安排。要切实改变忽视儿童身心特点和接受能力的现象,坚决纠正超标教学、盲目追赶进度的错误做法。以坚持儿童为本,遵循孩子身心发展规律和教育规律,在国家教育改革政策、意见的指导下,开展综合实践活动,注重生活中的教育契机挖掘,引领学生认识并发展自我,参与并融入社会,亲近并探索自然,初步形成对自我、社会和自然的整体认识,养成良好的生活、学习和交往习惯。

(四)家长衔接

引领家长,做好小学入学准备,因为家长是孩子的第一任教师。儿童进入小学后,适应期的长短,家长能起到一定的作用,特别是"社会适应"方面,家长的作用不可小觑。因此,小学应当主动向家长衔接,走入对接幼儿园的大班家长联合组织开展"我们携手同行"等幼小衔接活动,共同为幼儿们搭建一个过渡的桥梁。小学开学初期,组织家长陪同孩子进校园,消除孩子陌生感、焦虑感;召开家长会,阐明零起点教学对孩子学习利大于弊,要求家长第一学期要尽力配合学校教育,共同努力使孩子养成良好的行为习惯。

(五) 作息衔接

小学每天中午虽有午休时间,但孩子们只能趴在桌上休息,长期如此,对孩子的发育有严重的危害。小学条件有限、学生数量庞大,孩子休息的场地受到限制、无法像幼儿园那样有独立的小床,因此,无法保障孩子良好、健康的作息是我们一直需要攻克的难关。目前,这个问题也越来越受到社会的关注,网络上流传着很多小学学生午休神器,学校也将与教育局、家长共同努力尽力解决这个长期以来困扰小学的问题。

(六) 饮食衔接

饮食上幼儿园实行的是"两餐两点",根据幼儿身心发展的特点,进行分阶段营养搭配用餐。而小学仅提供午餐,并且无法做到根据一年级学生的口味特点、饮食习惯而膳食独立,需保持与其他年级用餐一致,这就使得学生在这个阶段可能出现饮食不习惯造成的身体发育不良等现象,这个问题只能通过家校合作的方式来共同解决,让家长一定要保证孩子早餐的营养和丰富,同时要灌输孩子不挑食等良好的饮食习惯。

参考文献

[1]陶行知,方与严.陶行知教育论文选辑[M].生活·读书·新知三联书店,2013.

[2]曹孚.外国教育史[M].北京:人民教育出版社,1979.

[3]卡尔·雅斯贝尔斯.什么是教育[M].邹进译.北京:三联书店,1991.

[4]北京市教育科学研究所.陈鹤琴论幼儿教育[M].北京:北京出版社,1985.

[5]刘晓东.儿童文化与儿童教育[M].北京:教育科学出版社,2006.

[6]邱学青.幼儿园游戏指导[M].北京:人民教育出版社,2015.

[7]方钧君.幼儿游戏[M].上海:上海交通大学出版社,2017.

[8]刘焱.幼儿园游戏与指导[M].北京:高等教育出版社,2012.

[9]约翰森,等.游戏、儿童发展与早期教育[M].马柯译.南京师范大学出版社,2013.

[10]刘智成.幼儿园游戏与指导[M].天津:南开大学出版社,2017.

[11]孟宪承,等.中国古代教育史资料[M].北京:人民教育出版社,1961.

[12]沈灌群.中国古代教育和教育思想[M].武汉:湖北人民出版社,1956.

[13]王策三.教学论稿[M].北京:人民教育出版社,1985.

[14]中国大百科全书出版社编辑部.中国大百科全书[M].北京:中国大百科全书出版社,1985.

[15]邵小佩.幼儿园课程与教学[M].北京:北京师范大学出版社,2015.

[16]成军,张淑琼.幼儿园教育活动设计与实施[M].北京:高等教育出版社,2016.

[17]叶澜.教育学原理[M].北京:人民教育出版社,2007.

[18]周梅林.幼儿园工作规程解读[M].北京:北京师范大学出版社.2016.

[19]教育部教师工作司.幼儿教师专业标准解读[M].北京:北京师范大学出版社.2013.

[20]中国学前教育发展战略研究课题组.中国学前教育发展战略研究[M].北京.教育科学出版社.2010.

[21]姜勇.新时期学前教育发展研究[M].上海:华东师范大学出版社.2020.

[22]虞永平.中国教育改革40年:学前教育[M].北京:科学出版社.2018.

[23]张家琼.学前比较教育[M].重庆:西南大学出版社,2016.

[24]李幸.学前儿童劳动教育的意蕴、原则与实现路径[J].教育导刊(下半月),2019(11):30-34.

[25]霍力岩.幼儿劳动教育:内涵、原则与路径[J].福建教育,2018(47):16-19.

[26]刘军豪.陈鹤琴幼儿劳动教育的理念辨析与实践逻辑[J].教育导刊(下半月),2020(7):5-10.

[27]郭映彤.新时代背景下加强幼儿劳动教育的思考[J].教育观察,2019(12):27-29.

[28]李晶晶.幼儿园劳动教育的有效实施策略[J].课程教育研究,2020(18):11.

[29]郑清铎.集体教学活动中有效提问与回应的策略[J].新教育时代(教师版),2018(46):239.

[30]陈碧琴.幼儿民谣教学之"聆听重复"策略[J].今日教育(幼教金刊),2015(5):34-35.

[31]裘指挥,温丽梅.幼儿园教师学习素养水平调查与差异分析[J].学前教育研究,2021(12):61-72.

[32]乔莹莹,周燕.人工智能时代幼儿园教师信息素养的内涵与培养[J].学前教育研究,2021(11):58-61.

[33]李泉,闫志利.幼儿园教师专业发展的阻碍因素及其消解:基于决策实验室分析法的发现[J].学前教育研究,2021(10):55-67.

[34]杨婉婷,朱琳.非在编幼儿园教师的职业发展现状研究[J].基础教育研究,2021(17):21-24.

[35]黎平辉,邓秀平,陈文俊.人的转型与幼儿园教师角色新定位[J].陕西学前师范学院学报,2021(06):64-71.

[36]姬生凯,步社民.幼儿园教师专业伦理规范的作用与特点:兼论我国《新时代幼儿园教师职业行为十项准则》[J].早期教育,2021(04):20-24.

[37]张晓晓.从《幼儿园教师专业标准(试行)》看幼儿教师角色定位[J].幼儿教育研究,2016(01):8-9+18.

[38]刘君.幼小衔接"四联动",特色活动助成长[J].教育家,2022(17):64.

[39]刘源,程伟,董吉贺.幼小衔接中儿童的心理过渡:意蕴、阶段及调节[J].中国教育学刊,2022(4):13-18.

[40]周文颖.多方合力让幼小衔接无缝对接[J].甘肃教育,2022(7):14.

[41]杨慧垚,李玉杰.日本幼小一贯教育改革对我国幼小衔接课程建设的启示[J].教育探索,2022(3):89-93.

[42]蒋和勇,蒋和琴.探究学前教育中有效促进幼小衔接的途径与方法[J].小学教学研究,2022(9):42-43.

[43]朱瑜.幼儿园幼小衔接存在的问题与优化方式[J].天津教育,2022(9):168-170.

[44]朱文礼.将幼小衔接内容融入日常在园生活[J].好家长,2022(8):45.

[45]李婧.准备与适应:新时代幼小衔接的实践路径[J].早期教育,2022(4):7-11.

[46]韩蕾.从哈克的断层理论看我国幼小衔接改革措施[J].当代教育实践与教学研究,2020(10):230-231.

[47]吕雅龙."幼小衔接班"热潮下家长心理困境与疏解[J].福建教育学院学报,2017,18(06):111-112.

[48]王梦景,胡慧婷,王晓卫.从幼小衔接的"小学化"现象看家长的"学前焦虑"[J].纳税,2017(14):169+171.